ISABELLE SOMMIER

LE TERRORISME

DOMINOS
Flammarion

ISABELLE SOMMIER

Maître de conférences en sciences politiques à l'université Paris-I-Panthéon-Sorbonne et chercheur au Centre de recherches politiques de la Sorbonne, Isabelle Sommier a travaillé sur la question de la violence ouvrière et celle du passage à la lutte armée par les groupes d'extême gauche. Elle poursuit une réflexion sur les rapports entre violence sociale et violence politique.

Elle a notamment publié :

La Violence politique et son deuil. L'après-68 en France et en Italie, Presses universitaires de Rennes, 1998.
Les Mafias, Montchrestien, 1998.

ISBN : 2080357158
Imprimé en France

SOMMAIRE

*La première fois qu'apparaît un mot relevant d'un vocabulaire spécialisé, il est suivi d'un *. On trouvera sa définition dans le glossaire.*

Avant-propos

Le terrorisme fait souvent la une des médias ; c'est un sujet « porteur ». Périodiquement, il figure aussi parmi les « principales préoccupations des Français » mesurées par les sondages d'opinion. L'attention qu'il suscite resurgit de façon récurrente, scandée par les non moins sporadiques attentats touchant les pays démocratiques ou leurs ressortissants à l'étranger. Les autorités politiques, nationales et internationales, se penchent aussi à intervalles réguliers sur un fait social qui est volontiers présenté comme un tribut caractéristique de la modernité. Il est vrai qu'il n'est pas d'année, parfois même de mois, où l'actualité internationale ne soit marquée par un acte qualifié de terroriste : détournement ou explosion d'avion, assassinat politique, attentat à la bombe dans des lieux publics, prise d'otages appartiennent désormais à notre paysage quotidien.

La quantification du phénomène est certes sujette à extrêmes variations. Pour la période 1968-1977, le nombre d'attentats terroristes oscille par exemple entre 1022 selon la Rand Corporation et 2698 selon la CIA. Une autre source fait état de 64319 « incidents terroristes » recensés de 1970 à 1995. Cette hétérogénéité tient non seulement à la datation des faits, mais plus encore à la nature de ce qui est mesuré : s'agit-il de tous les épisodes connus de violences, quels qu'en soient les auteurs et le type d'actions ? En fait, les catégories varient selon les instituts, le plus souvent sans être explicitées, ce qui interdit toute comparaison ou tout recoupement. On objectera, non sans raison, qu'en un domaine aussi sensible la comptabilité morbide présente un intérêt bien faible quand elle n'est pas jugée franchement indécente. Le fait n'est-il pas là, avec la souffrance de ses victimes, l'effroi des spectateurs, la détermination des pouvoirs publics à le combattre ? Qu'importerait de savoir avec exactitude de quoi l'on parle, dès lors que tout le monde se retrouve dans une même réprobation de ce qui semble devenu l'incarnation du mal absolu en politique ?

Il n'est pas certain, cependant, que cette communion dans le jugement se suffise en toute occasion, et elle ne doit pas faire oublier l'imprécision quant au contenu du mot « terrorisme ». Il faut interroger ce terme qui nous est devenu familier et qui est l'un des mots les plus émotionnellement chargés de notre siècle, suscitant à sa seule évocation l'angoisse mais aussi la fascination, la condamnation morale en même temps qu'une certaine forme d'attrait. Mais il s'agit aussi d'un mot mystérieux, dans la mesure où personne ne s'accorde sur sa définition. Faut-il mettre l'accent sur le caractère anonyme et

« indiscriminé » (aveugle) de cette forme de violence ? Sur les effets recherchés, au-delà des victimes, et faire du terrorisme une « guerre psychologique » ? Serait-ce l'arme utilisée qui caractériserait l'action terroriste : l'attentat à la voiture piégée, l'explosif, le détournement d'avion ?

S'il est facile à quiconque de qualifier tel groupe de « terroriste », expliciter son choix sans recourir au jugement moral s'avère plus ardu. Il est banal de rappeler par ailleurs qu'aucun des terroristes désignés ne se reconnaît jamais dans l'adjectif qui lui est accolé de l'extérieur. Il préférera se présenter sous l'image plus positive du « résistant », du « révolutionnaire » ou de tout autre combattant d'une noble cause. Enfin, bien des actes dits terroristes ont pour enjeu, directement ou indirectement, ce pouvoir magique des mots. En ce domaine (comme en d'autres), le verbe est une arme parfois aussi puissante et destructrice que les armes matérielles. C'est cette réflexion autour du terme « terrorisme », de ses multiples définitions et de ses enjeux, qui orientera la seconde partie de cet ouvrage.

Les maux du siècle

UN EXPOSÉ

DOMINOS

Un phénomène de la modernité

Le terrorisme est souvent présenté comme l'un des maux les plus aigus de notre époque. Nul doute en effet que le terme même soit de création récente, puisqu'on le trouve exposé pour la première fois dans le supplément de 1798 au dictionnaire de l'Académie française. Régime ou système de terreur*, il désigne alors un mode de gouvernement du type de celui qui a prévalu sous la Révolution, de septembre 1793 à la chute de Robespierre le 27 juillet 1794. Au cours du siècle suivant, il subit une mutation sémantique radicale pour acquérir le sens qu'on lui connaît aujourd'hui, celui de stratégie violente principalement dirigée *contre* l'État au moyen d'assassinats et d'attentats visant à créer un climat de terreur. Pourtant, ces actes n'ont, en eux-mêmes, rien de nouveau. Tyrannicides*, rébellions, complots et conspirations sont sans doute inhérents à l'exercice même du pouvoir, et rien ne permet de leur nier un effet anxiogène sur la population. D'où viendrait alors le caractère inédit du terrorisme ?

Des sources de mécontentement accrues

Contestation sociale et nationalité

La conviction de la plupart des chercheurs et observateurs d'avoir affaire à un phénomène nouveau est tellement forte qu'elle n'est pas soumise à examen et se dispense souvent de démonstration. Un ensemble d'évolutions propres à la modernité convergerait pour faciliter le recours à cette forme de violence politique et la rendre plus attractive pour ceux qui en font usage. On peut classer ces changements en deux catégories. La première renvoie aux sources grandissantes de frustrations ou de mécontentements à la fois de type culturel, politique, social et économique qui autoriseraient – moralement – l'individu à se rebeller contre l'ordre existant. En effet, la question du lien social se pose avec plus d'acuité à partir du moment où entre en crise le système de croyances qui légitimait le pouvoir par sa conformité à un ordre naturel ou transcendant. Ainsi peuvent se comprendre les turbulences du XIXe siècle, secoué par une double onde de choc : d'une part, celle venue de la Révolution française qui fait souffler l'aspiration aux droits civiques et aux libertés ; d'autre part, celle provoquée par la révolution industrielle qui met la « question sociale » à l'ordre du jour.

La première vague terroriste est pour l'essentiel d'inspiration socialiste et anarchiste. La Russie fut l'un des pays les plus touchés avec, en particulier, le mouvement populiste Narodnaia Volia (Liberté du peuple) dont les militants assassinèrent le tsar Alexandre II en 1881. L'objectif était à la fois de « désorganiser l'État » et d'inciter la paysannerie à rejoindre le combat révolutionnaire. La « propagande par le fait* » oriente également la série d'attentats anarchistes qui culmine en France avec l'assassinat du président Sadi Carnot le 24 juin 1894 : destructions à l'explosif d'immeubles et d'une caserne par Ravachol entre mars et avril 1892, bombe placée au Palais-Bourbon par Auguste Vaillant le 9 décembre 1893, etc. L'anarchiste Émile Henry, responsable d'un attentat dans un café de gare en février 1894, expliquera que ces actions « réveillent la masse, la secouent d'un violent coup de fouet et lui montrent le côté vulnérable de la bourgeoisie, toute tremblante encore au moment où le révolté marche à l'échafaud ». Il y a là presque un bréviaire de ce qui serait attendu de l'acte terroriste : par l'audace du coup, un retentissement susceptible de servir d'étincelle au soulèvement populaire et de désacraliser la toute-puissance de l'ennemi. Nombre de personnalités politiques tombent alors par les mains terroristes : le roi d'Italie Umberto Ier (1900), le président américain Mac Kinley l'année suivante et, bien sûr, l'archiduc François-Ferdinand d'Autriche le 28 juin 1914, dont l'assassinat par Gavrilo Prinzip précipitera l'Europe dans la Première Guerre mondiale.

Le XIXe est aussi le siècle de la formation des États modernes. Il s'achève sur une seconde vague de violences, cette fois de facture nationaliste, qui agite surtout l'Europe centrale jusqu'aux années 30. Macédoniens, Serbes puis Croates, déçus par le partage territorial réalisé lors du congrès de Berlin (1878), s'engagent dans le combat séparatiste par la pratique privilégiée de l'attentat. Leurs sociétés secrètes servent les rivalités des grandes puissances, notamment des trois Empires – ottoman, austro-hongrois et russe –, dans cette région si sensible qui sombrera dans deux guerres balkaniques de 1912-1913 avant d'embraser l'ensemble de l'Europe. En 1934, l'assassinat à Marseille du roi Alexandre de Yougoslavie et, avec lui, du ministre français des Affaires étrangères Louis Barthou par le mouvement croate ultranationaliste oustachi, dirigé par Anté Pavelic, provoque la première réaction internationale à l'encontre du terrorisme. Trois ans plus tard, les actes terroristes sont définis par la Société des nations comme des « faits criminels dirigés contre un État et dont les fins ou la nature consistent à provoquer la terreur à l'encontre de personnes déterminées, de groupes de personnes ou du public ». Le foyer se déplace ensuite sur la scène proche-orientale avec la naissance de la « question palestinienne ». En effet, on assiste alors à l'expression violente du sionisme avec des groupes comme l'Haganah de Ben Gourion et l'Irgoun de Menahem Begin qui se soulèvent contre le mandat britannique et recourent à l'assassinat sur le sol palestinien et ailleurs. Citons pour exemples le meurtre, au Caire, du secrétaire d'État Lord Moyne en 1944 et, le 22 juillet 1946, l'attentat contre l'hôtel King David servant de siège au quartier général anglais à Jérusalem qui se solda par plus de deux cents victimes.

Ces deux sources de contestation – sociale et nationaliste – se réactivent à compter des années 50, inaugurant le second âge du terrorisme. Sur tous les continents, le mouvement de décolonisation s'accompagne d'une prolifération de groupes armés poursuivant leur lutte de libération nationale par des moyens violents qui, à l'époque, sont dénoncés comme terroristes par les puissances coloniales. Les *fellaghas* algériens, par exemple, recourent à partir de 1954, mais surtout de 1956, année de création du Front de libération nationale (FLN), aux attentats et sabotages destinés à semer la terreur parmi les pieds-noirs et les soldats français. On relève cette année-là 78 morts et 586 blessés. Deux ans plus tard, leurs nombres sont respectivement portés à 959 et 1980.

La lutte d'indépendance la plus emblématique est, bien entendu, celle menée par l'Organisation de libération de la Palestine qui commence à se faire connaître en 1968, soit quatre ans après sa création. Emblématique, l'OLP l'est en effet à plusieurs titres. Tout d'abord parce qu'elle orchestre le conflit, si ce n'est le plus long de la seconde moitié du siècle, du moins le plus épineux pour la communauté internationale en raison de ses enjeux géopolitiques mais aussi de la stratégie d'internationalisation que l'OLP choisit presque immédiatement en privilégiant les attentats à l'étranger et en procédant à des détournements d'avions. En outre, c'est elle qui suscite à partir de 1972 la deuxième réaction internationale, celle de l'ONU. Enfin, l'OLP demeurera longtemps le symbole de ces nations sans État enfermées dans les contradictions du droit international, lequel, tout en reconnaissant le principe du droit des peuples à disposer d'eux-mêmes, reste attaché au *statu quo* des frontières étatiques existantes. Mêlant dans une synthèse confuse inspiration islamiste et idéologie socialiste, l'OLP servira de modèle à d'autres groupes armés et, parfois, leur offrira un soutien logistique au moins jusqu'à la condamnation officielle du terrorisme par Yasser Arafat en novembre 1985.

C'est à la suite de la rencontre entre le nationalisme et l'idéologie marxiste que des organisations aujourd'hui encore actives comme l'IRA (*Irish Republican Army*, armée républicaine irlandaise) ou l'ETA (*Euzkadi Ta Azkatasuna*, Pays basque et liberté) passent à l'action à la même époque. Les années 70 sont aussi fertiles en mouvements violents d'obédience révolutionnaire, en particulier sur le continent latino-américain. Dans le climat d'effervescence sociale empreint de tiers-mondisme de l'époque, le *Petit Manuel du guérillero urbain*, publié en 1969 par le Brésilien Carlos Marighela, ou les actions des Tupamaros uruguayens ne sont pas sans influence sur des groupes européens tels que la Fraction armée rouge allemande (la RAF ou *Rote Armee Fraktion*), dite encore « Bande à Baader-Meinhof », du nom de ses fondateurs, et les Brigades rouges italiennes (*Brigate rosse*).

L'internationalisation des conflits

Une nouveauté majeure de cette période réside dans l'internationalisation de certains conflits par la stratégie délibérée de groupes terroristes à commettre des attentats dans des pays tiers. Ce que certains appellent le terrorisme transnational* a une date de naissance et, pourrait-on dire, un géniteur précis : il apparaît en 1968 à l'instigation d'une organisation de l'OLP, le Front populaire de libération de la Palestine (FPLP), qui, avec l'attaque d'un avion de la compagnie israélienne El Al sur l'aéroport d'Athènes, exporte pour la première fois le conflit palestinien. Bien sûr, plus d'un attentat avait déjà été perpétré à l'extérieur du pays d'origine – on en a donné quelques exemples avec les assassinats de personnalités d'Europe centrale au début du siècle. Mais le phénomène restait ponctuel. À partir de cette date, il acquiert une dimension et une ampleur inédites en devenant pour plusieurs années un axe d'intervention privilégié, voire presque exclusif, de l'OLP puis de quelques organisations islamistes.

Comme tout contestataire, le groupe terroriste est contraint par son environnement et l'état de ses rapports de force internes. L'adoption d'une stratégie transnationale s'inscrit dans le cadre de la mondialisation qui connaît une forte accélération à partir des années 60. Ce choix est rendu possible par les mutations technologiques en cours, particulièrement dans le domaine des communications et des transports qui contribuent à rendre le monde plus ouvert aux influences externes et plus accessible. Il est congruent avec l'interdépendance croissante des pays, interdépendance dont le groupe terroriste joue en cherchant – et en réussissant – à impliquer les États étrangers dans le conflit. Le terrorisme transnational renvoie aussi au développement des diasporas. Il porte d'autant mieux son nom qu'il engage fréquemment des « combattants » de nationalités diverses. L'OLP n'a pas échappé à ce phénomène puisqu'elle a bénéficié de l'aide active de groupes étrangers à sa cause : l'armée rouge japonaise lors des détournements d'avions entre 1970 et 1973, les organisations d'extrême gauche allemande (la RAF pour la prise en otages d'athlètes israéliens lors des Jeux olympiques de Munich en septembre 1972, le Mouvement du 2 juin aux côtés de Carlos pour la séquestration des ministres de l'OPEP, etc.). Autre caractéristique du terrorisme transnational : celle de donner souvent prise aux relations de dépendance, voire de subordination, entre le groupe et des États parrains ou sponsors* qui font chèrement payer leur aide, voire simplement leur bienveillance.

Le « deuxième âge du terrorisme » se clôt symboliquement avec l'effondrement du bloc soviétique en 1989. La fin de l'ordre bipolaire* entraîne en effet de profondes transformations : l'abandon de la référence marxiste qui légitimait le recours à la violence, l'épuisement des soutiens matériels (financiers, logistiques) fournis par les pays de l'Est à certaines guérillas, la fin de l'utilisation par les deux blocs des conflits de basse intensité au service de leurs jeux d'influence. Les luttes révolutionnaires épuisées, les combats nationalistes majeurs s'engageant sur la voie de la paix, c'est tout le paysage des mouvements armés qui s'en trouve modifié.

Une rhétorique nouvelle apparaît, qui emprunte désormais la voie des mobilisations identitaires, lesquelles mettent l'accent sur des valeurs présentées comme traditionnelles et opposées à la modernité occidentale. Ainsi la contestation islamiste, ou du moins la présentation qu'en donne l'ensemble des acteurs, car il ne saurait être question de la réduire à une question culturelle et d'en nier les ressorts socio-économiques et politiques en Égypte, en Algérie ou ailleurs. Sa particularité réside, comme avant elle le mouvement palestinien, dans le choix stratégique qui consiste à impliquer des pays tiers en exportant ses actions au-delà de la scène du conflit d'origine. Sont également symptomatiques de cette tendance l'évolution de certains mouvements vers un syncrétisme idéologique à coloration mystique comme le Sentier lumineux péruvien et, bien sûr, l'apparition du « terrorisme sectaire » conduit par des groupes religieux.

Autre fait marquant de la décennie : le terrorisme frappe le sol nord-américain avec l'attentat islamiste contre le World Trade Center à New York, le 26 février 1993, qui fit six morts et un millier de blessés. Les États-Unis sont également confrontés à un terrorisme interne : le 19 avril 1995, l'explosion d'un immeuble à Oklahoma city, la plus meurtrière de l'histoire américaine puisqu'elle entraîne la mort de 168 personnes, place brutalement sur le devant de la scène les milices paramilitaires d'extrême droite « en guerre » contre l'administration fédérale.

De nouvelles opportunités de rébellion

La sophistication des armes

Un deuxième ensemble de facteurs encouragerait le passage à l'acte en rendant l'usage de la violence à la fois plus facile et moins coûteux. Il s'agit tout d'abord de l'importance du trafic d'armes, ainsi que de leur sophistication croissante, laquelle les rend plus accessibles, plus maniables, plus dissimulables et plus destructrices. Explosifs Semtex, bombardiers Canberra, missiles antiaériens Rapier ou Sam 7 et autres se trouveraient sans problème sur le marché. Cette question alimente toutes les inquiétudes, surtout depuis l'effondrement de l'ex-URSS et le délabrement des pays de l'Est, en particulier de leurs armées. La crainte est vive en Occident d'un terrorisme *high tech*, disposant d'armes miniaturisées, mais aussi d'un terrorisme de destruction massive que la disposition du nucléaire, d'armes chimiques et bactériologiques rend désormais possible. Le 20 mars 1995, l'attentat au gaz sarin dans le métro de Tokyo, réalisé par la secte Aum, a concrétisé la menace en faisant une dizaine de victimes et en provoquant l'intoxication d'environ 5000 personnes. D'une certaine manière, la technologisation des armes réduit le déséquilibre des forces entre État et groupes terroristes au profit de ces derniers. À cette relative facilité d'accès aux armes s'ajouterait une profusion d'informations sur le réseau Internet. Des manuels pratiques y circuleraient, donnant des méthodes de confection de bombes à partir de produits d'usage courant comme des engrais ou du carburant Diesel, utilisés par exemple pour l'explosion d'Oklahoma city et les attentats islamistes à Paris en 1995. L'artisanat serait profitable au développement de ce que les services de renseignement appellent les « terroristes amateurs », plus difficilement saisissables encore que les « professionnels ».

La relation aux médias

Toutefois, c'est par son utilisation spécifique des médias que le terrorisme constitue la violence politique moderne par excellence. Si, comme nous le verrons, les définitions du phénomène sont multiples et souvent contradictoires, il est un critère qui fait l'objet d'un consensus : l'action terroriste, parce qu'elle est hautement théâtralisée et vise à susciter la peur, bien au-delà de celle de ses victimes directes, requiert une caisse de résonance que lui assurent sans peine les médias. Aussi, « tout attentat terroriste s'efforce de revêtir les aspects d'un drame. Ce drame exige d'être, à la fois, "monté" et "montré" [1]. » Il trouve en particulier par la télévision les ressorts et ressources de son efficacité : se révéler sur la scène sociale et politique ; développer et amplifier son action ; donner une impression de toute-puissance ; s'assurer une emprise efficace sur le public en rendant les menaces crédibles ; renforcer la confiance en soi des militants [2].

Il est vrai que l'on est souvent surpris de l'habileté avec laquelle certains ont « tenu en haleine » l'opinion publique. Les maîtres en la matière étaient certainement les Palestiniens avec les détournements d'avions opérés à partir de juillet 1968 par le FPLP de Georges Habache. Ces derniers connaîtront d'emblée un développement exponentiel : on en dénombre quatre entre 1963 et 1967, cinquante-cinq entre 1968 et 1970 et soixante et une tentatives pour vingt-six réussites durant la seule année 1971. En septembre 1970, plusieurs avions sont détournés sur une piste désaffectée en Jordanie, rebaptisée pour l'occasion « aéroport de la Révolution », où s'organisent conférences de presse et « visites guidées » pour les journalistes. L'option en faveur d'un « terrorisme publicitaire » atteint son comble avec l'action du groupe Septembre noir aux Jeux olympiques de Munich : le 5 septembre 1972, le monde entier suit en direct l'enlèvement de neuf athlètes israéliens commenté par des journalistes sportifs. Seule l'issue tragique de l'événement – la mort de neuf otages, de cinq membres du commando et d'un policier – restera hors du champ des caméras. Les islamistes libanais du Hezbollah puis du Djihad iront encore plus loin dans l'instrumentalisation des médias par une innovation : le recours privilégié à l'enlèvement de journalistes, entre mars 1985 et mai 1989, qui leur assurera pendant plusieurs mois la diffusion quotidienne d'un message au journal télévisé d'Antenne 2. Publicité fantastique au moindre coût.

Cette relation aux médias n'est pas sans impact ni enseignement sur la stratégie terroriste. Elle exerce des contraintes lourdes. La violence doit en effet adopter les canons du genre médiatique : il faut tout d'abord qu'elle soit mise en scène. Il en découle une sorte d'esthétique de la violence, déjà exprimée en 1893 par le poète Laurent Tailhade avec sa fameuse tirade : « Qu'importent les victimes si le geste est beau. » L'action doit ensuite être suffisamment rapide pour ne pas lasser le public. Le commando du Mouvement révolutionnaire tupac amaru (MRTA) qui, à partir de décembre 1996, occupa l'ambassade japonaise au Pérou a fait l'amère expérience de cette « loi » quand il se fit déloger et décimer six mois plus tard dans l'indifférence quasi générale, après avoir pourtant suscité la sympathie, voire l'enthousiasme, des médias occidentaux dans l'atmosphère de Noël… Enfin, on peut penser que la nécessité de séduire les médias participe (entre autres) au déplacement des conflits, d'abord de la campagne vers les villes, puis en tout lieu où l'action bénéficie d'un retentissement plus grand. C'est par exemple dans l'objectif de forcer l'attention de la population britannique, peu sensible au conflit de l'Ulster, que l'IRA a étendu ses attentats sur le sol anglais à partir de février 1974. Elle prit toutefois soin de prévenir de l'imminence de l'explosion pour éviter des massacres qui lui aliéneraient les faveurs de l'opinion publique.

Le souci d'une répercussion médiatique maximale révèle une caractéristique fondamentale du terrorisme, à savoir la disjonction qu'il opère entre les victimes et la cible. En d'autres termes, les premières ne sont qu'un instrument pour atteindre la seconde, qui n'est autre que le pouvoir politique, par le biais, en démocratie, de l'« opinion publique ». Sur le motif que les médias seraient « hérauts et complices du terrorisme [3] », des gouvernements de pays démocratiques – par exemple l'Allemagne de l'Ouest, au moment de l'enlèvement par la RAF du président du patronat Hans Martin Schleyer le 5 septembre 1977 – ont d'ailleurs parfois enfreint la liberté d'information en interdisant la divulgation de certaines actions, espérant que, ainsi privés de leur caisse de résonance, les terroristes retourneraient dans l'ombre. Il n'en fut rien.

Terrorisme et démocratie

Ces divers facteurs d'encouragement au recours à la violence semblent justifier l'autre postulat qui anime généralement les études en matière de terrorisme : l'idée selon laquelle il serait l'un de ces maux qui toucheraient les seules démocraties. Celles-ci cumuleraient en effet les vulnérabilités propices aux attaques terroristes. Vulnérabilité physique par l'accessibilité de leurs voies de communication ; vulnérabilité politique en raison des droits et libertés qu'elles offrent, y compris aux « ennemis de la liberté », mais aussi, ajoutent des psychologues sociaux, vulnérabilité psychologique, le terrorisme introduisant au sein des démocraties « une dangereuse mais fascinante violence dans l'univers placide et mortifère de la quotidienneté pacifique [4]. » Il convient pourtant de nuancer cette affirmation et de se garder de confondre l'occurrence effective de violences terroristes avec leur visibilité majeure dans les démocraties. Pour preuve, la liste des quinze pays les plus touchés établie durant les trois dernières années de la décennie 1980 par le département d'État américain : Israël, Espagne, Pakistan, Pérou, Colombie, Liban, Zimbabwe, RFA, Turquie, Irak, Philippines, Chili, France, Grande-Bretagne, Salvador. On le voit, le terrorisme n'est pas l'apanage des démocraties. C'est le regard social qui est porté sur lui qui diffère profondément d'une société à l'autre.

Cependant, une telle assertion ouvre une piste de réflexion intéressante. Lorsque Pierre Mannoni distingue la peur de la violence, sans doute propre à toutes les époques, et la violence de la peur mise en œuvre par le terrorisme moderne [5], il renvoie à deux tendances sociologiques complémentaires. D'abord, au « paradoxe de Tocqueville », en vertu duquel plus un phénomène désagréable diminue en intensité, plus ses manifestations résiduelles deviennent insupportables à la population, ce qui permet de rendre compte de la montée croissante du sentiment (subjectif) d'insécurité dans des sociétés toujours plus pacifiées (objectivement). Ce que Norbert Elias appelle « le processus de civilisation* » est étroitement lié à l'affirmation de l'État, puisqu'il implique la monopolisation de la violence physique à son profit exclusif et, corrélativement, un processus d'autocontrainte visant à exclure l'usage privé de la violence dans les rapports sociaux. Dans un tel contexte, une violence devient d'autant plus significative qu'elle introduit une rupture spectaculaire dans l'ordre du quotidien. Aussi la multiplicité des menaces qu'affrontent les États n'explique-t-elle qu'en partie l'attention qu'ils accordent à un terrorisme fortement dramatisé par les organisations internationales et les services de sécurité. Certes spectaculaires, les actions terroristes sont somme toute d'un faible coût humain comparé, par exemple, à celui des accidents de la route. Avec un bilan d'environ 3000 victimes dans les années les plus sanglantes, entre 1968 et 1984, elles font en moyenne 200 morts par an. La froideur de tels chiffres contraste avec l'angoisse que suscite le terrorisme et rend celle-ci encore plus intrigante. D'une certaine manière, on peut dire que le terrorisme s'inscrit dans un environnement général de pacification des mœurs puisqu'il tient sa puissance, non pas du nombre de ses victimes, mais de la menace permanente qu'il fait planer sur l'espace public. C'est une violence physique qui fonctionne à l'économie et à l'outrance de symbolique. En cela, on peut dire que le terrorisme est un phénomène moderne propre aux sociétés pacifiées. Non pas que ses modes d'action soient inédits ou épargnent les sociétés en guerre de l'hémisphère sud, par exemple, mais parce que la logique d'action qui les anime ne se révèle efficace qu'au sein d'une société où le recours à la violence est, normalement, et avec succès, prohibé.

L'arme des faibles ?

26

Les mouvements qui recourent au terrorisme sont des minorités, prétendant en général lutter au nom d'un groupe de référence (la classe ouvrière, telle ethnie, telle communauté de croyants, etc.) qu'ils estiment exploité ou opprimé par l'ordre social en vigueur. Certains frappent hors de la scène du conflit, le plus souvent une grande puissance, en invoquant l'anti-impérialisme ou dans l'objectif d'impliquer cette dernière, parfois avec l'aide souterraine d'un autre pays. Dans tous les cas, le déséquilibre du rapport de force militaire est patent. D'où le choix de mener des actions ponctuelles qui surprennent l'adversaire et évitent la confrontation directe avec lui. C'est pourquoi l'idée domine selon laquelle le terrorisme serait, à l'instar de la guérilla, l'arme des faibles, c'est-à-dire le seul instrument à disposition des dominés pour toucher l'État sans prendre le risque du heurt frontal qui leur serait nécessairement fatal. Un raisonnement équivalent peut être fait pour rendre compte de l'utilisation d'une telle arme par un État contre un autre, plus puissant : dans ce cas, le terrorisme serait la contrepartie du gel de la guerre traditionnelle, dont l'issue serait sans surprise. Qu'en est-il ?

Une « petite guerre »

Terrorisme et guérillas

On peut dire du terrorisme qu'il est, comme la guérilla, une « petite guerre ». Le terme, né entre 1807 et 1812 pour désigner la résistance espagnole contre les armées napoléoniennes, a deux implications : le conflit oppose une minorité à un État; son issue se joue au moins autant sur le terrain psychologique que militaire, s'agissant conjointement de susciter l'adhésion de la population et de démoraliser l'adversaire. Sur l'objectif, terrorisme et guérilla se rejoignent. Ils se distinguent en revanche quant à la voie suivie pour y parvenir. Les guérilleros cherchent à atteindre directement le pouvoir politique par son harcèlement : sabotages, attaques de casernes ou d'unités isolées, assassinats de personnalités, destruction des infrastructures et installations stratégiques, etc. Victimes et cibles se confondent. Il en va autrement des terroristes, même si beaucoup d'entre eux se vivent comme des guérilleros ou espèrent ouvrir la voie à une guérilla (urbaine). Deux stratégies doivent être distinguées :

1. Les assassinats répondent à des objectifs variés. Ceux de personnalités politiques ou militaires n'entrent pas à proprement parler dans la logique

terroriste, dans la mesure où leur objectif est entièrement contenu dans l'action même du meurtre par l'identification victime/cible. Réalisés par des groupes réputés terroristes, ils visent surtout à montrer la puissance de feu de l'organisation et à provoquer éventuellement une crise de régime : c'est le cas du meurtre par l'ETA du président du Conseil et dauphin de Franco, l'amiral Luis Carrero Blanco, en 1973, ou de celui du président de la Démocratie chrétienne Aldo Moro, en 1978, par les Brigades rouges.

Les assassinats de fonctionnaires et d'individus jugés hostiles (journalistes, chefs d'entreprise, responsables d'associations de victimes, etc.) cherchent quant à eux à intimider selon la formule de Staline : « En frapper un pour en éduquer cent. » On est là dans un registre plus directement terroriste. Les actes prohibés par les lois de la guerre doivent également être classés dans cette catégorie lorsqu'ils témoignent d'une volonté d'infliger des blessures humiliantes à leur victime : lettres ou colis piégés – très utilisés durant l'année 1972 par les Palestiniens à l'encontre de destinataires juifs du monde entier, puis par l'extrême droite autrichienne contre des militants antiracistes et des droits de l'homme dans les années 90 –, « jambisations* », tortures.

2. Les attentats « indiscriminés », souvent très meurtriers car réalisés dans un lieu public, parfois avec l'objectif de faire le maximum de victimes : explosions d'avion en vol (attentat de Lockerbie en décembre 1988 qui tua 260 passagers, explosion d'un DC 10 d'UTA en septembre 1989 qui fit 170 victimes, etc.) ; déflagrations dans les transports publics (84 morts dans l'attentat d'extrême droite à

la gare de Bologne en 1980, série d'attentats à Paris en 1986 et 1995) ; voitures piégées dans les rues de Belfast, de Madrid ou au Liban…

C'est sans doute cette stratégie qui est la plus caractéristique du terrorisme car elle procède de deux logiques spécifiques. L'une est d'ordre psychologique : l'attentat aveugle est le plus à même de créer un climat de terreur, puisqu'il frappe n'importe qui n'importe où. L'autre est idéologique : tuer au hasard signifie que, selon le mot d'un leader du groupe palestinien Septembre noir, « personne n'est neutre, personne n'est innocent », chacun doit choisir son camp sur le mode : « Pour ou contre nous. » Aussi le passage à ce type d'action est-il souvent interprété comme un signe d'escalade, voire l'indice d'une mutation qui ferait basculer le groupe dans une carrière terroriste. L'officialisation du recours aux voitures piégées en Irlande à partir de mars 1972 et, dix ans plus tard, en Espagne marque de toute évidence une césure dans l'histoire des deux mouvements séparatistes. L'apparition des attentats à la voiture piégée sur le sol corse en novembre 1999 pourrait traduire une évolution semblable du nationalisme dans cette région.

De 1969 à 1994, 45 % des victimes civiles du conflit irlandais (comprenant IRA, loyalistes, armée et police) sont de simples passants [6]. Leur proportion parmi l'ensemble des victimes de l'ETA témoigne de l'adoption d'une stratégie nouvelle, mise en œuvre à partir de 1982 et surtout de 1986 avec les *coche bomba* (voiture bombe) : 28 % en 1978, 42,1 % en 1983, 93,5 % en 1987, 60 % en 1992 et 87,5 % en 1995 [7]. Mais si la pratique des attentats indiscriminés symbolise si souvent le terrorisme, c'est aussi parce que les plus meurtriers d'entre eux se sont parfois avérés être au service d'un État, dans une alliance « contre nature » qui donne corps à l'une des peurs de la fin de siècle : celle de la guerre non déclarée dont la cible privilégiée, voire exclusive, est la population civile. En effet, les civils paient le plus lourd tribut puisqu'ils subissent 38 % des attaques terroristes en 1989 et 49 % en 1991 (Intel). Ils fournissent surtout le gros des victimes : 60 % en 1989 et 55 % deux ans plus tard. Ainsi s'explique que la revendication principale des associations de victimes soit la reconnaissance d'un statut de « victimes de guerre en temps de paix ».

Le rôle joué par les États

Car la « petite guerre » qu'est le terrorisme n'ex-

clut pas toujours, en sous-main, les États. Ceux-ci peuvent offrir des soutiens de toute sorte : appui idéologique, aide logistique (fourniture d'armes, camps d'entraînement, financement, utilisation de la valise diplomatique, etc.), octroi de sanctuaire et d'asile politique… Au cours des années 70, certains groupes d'extrême gauche, comme la RAF, recevaient assistance de l'Allemagne de l'Est, tandis que la Bulgarie aidait l'extrême droite turque. Avec le développement du terrorisme proche-oriental, d'autres États ont ensuite été accusés de collusion, en particulier l'Iran, l'Arabie Saoudite, la Syrie et la Libye. L'arme utilisée se révèle être un bon indice des ramifications existant dans les trafics d'armes ; c'est le cas de l'explosif Semtex, de fabrication tchécoslovaque, « commercialisé » par la Libye, que l'on retrouve dans nombre d'attentats de l'IRA.

Ces complicités plus ou moins ponctuelles ont donné naissance à des lectures conspiratrices (et fantaisistes) de l'histoire qui, de « fil rouge » en « fil vert », en passant par le « réseau de la terreur », attribuent tous les maux de la planète à un État (ou un groupe d'États) malin(s). Plus sérieusement, ces relations renvoient aux notions d'État sponsor ou d'État parrain, commanditaires d'un attentat par le biais d'une « organisation-écran* », ainsi appelée car elle « sert d'écran à toute riposte militaire [8] ». Ce modèle a été appliqué pour qualifier les rapports entre l'Iran et le Hezbollah lors des attentats parisiens de 1986. Les États qui aident un groupe terroriste, y compris ceux du tiers-monde, ne le font jamais par altruisme, mais pour servir leurs intérêts de puissance dans leur lutte d'hégémonie régionale, ou pour renforcer leur position au sein d'un rapport de forces qui leur est défavorable, voire, simplement, pour infléchir la politique extérieure à leur avantage. C'est pourquoi ils dénaturent souvent le conflit et, en premier lieu, l'attisent. Dans les années 80, le Liban a été la triste scène de ces rivalités entre États par groupes armés interposés (Hezbollah pro-iranien contre Amal prosyrien).

L'intervention extérieure place le groupe dans une position de dépendance, voire de tutelle, au point de se retrouver à la merci d'un revirement politique. Ainsi, en août 1994, Ilitch Ramirez Sanchez, alias Carlos, a été « lâché » par les autorités de Khartoum en signe d'apaisement vis-à-vis de la France qui le recherchait pour de multiples affaires [9]. Le Soudan était pour lui le dernier sanctuaire après la Hongrie, le Yémen du Sud et la Syrie. Du côté des victimes, l'utilisation étatique du terrorisme ajoute également à la confusion : à l'opacité de l'action fait écho l'opacité des réponses apportées par l'État victime, puisque celui-ci doit à la fois faire montre d'intransigeance vis-à-vis de l'organisation responsable et, dans les faits, de souplesse à l'égard de l'État commanditaire. Il y a là matière à aggraver le manque de transparence qui entoure généralement la lutte antiterroriste…

Le terrorisme est-il une arme efficace ?

Le terrorisme permet-il de faire avancer la cause des faibles ? Rien n'est moins sûr. Rappelons d'abord que les succès sont très rares. On ne retiendra guère que ceux de l'EOKA chypriote (Ethniki Organosis Kypriahou Agoniston) et des groupes sionistes contre l'autorité britannique ou, dans une moindre mesure, le retrait des troupes occidentales du Liban après l'attentat-suicide qui tua deux cent quarante et un marines en 1983. Tendanciellement, c'est dans le cadre de la lutte anticoloniale que la réussite apparaît la mieux assurée. Du reste, plus encore que par un échec, l'expérience se solde souvent par des conséquences diamétralement opposées à celles escomptées. Au chapitre des revers, celui du populisme russe. La multiplication des attentats au cours des années 1878-1879 ne suffit pas à précipiter la paysannerie dans la lutte contre le tsarisme. Elle provoque en revanche des tensions entre les partisans de la propagande par le fait – autour de Kropotkine – et ses opposants qui se rapprochent des positions marxistes, lesquelles vont finalement avoir raison des anarchistes. Au rang des effets désastreux, se trouvent la plupart des expériences latino-américaines : les actions de groupes révolutionnaires tels que les Tupamaros uruguayens (1969-1973) ou, en Argentine, l'ERP (Armée Révolutionnaire du Peuple) et les Monteneros ont contribué à instaurer un climat de chaos qui a été utilisé pour justifier des coups d'État militaires. « Combattre la subversion » fut par exemple le seul programme de la junte argentine dès son arrivée au pouvoir en 1976. Elle s'y employa au-delà de toute limite dans une « sale guerre » qui entraîna trente mille disparitions. Il en ira de même de la Turquie en 1980.

Pour juger de l'efficacité du terrorisme, sans doute faut-il distinguer deux situations. La première correspond à un usage systématique de méthodes de terreur, en particulier des attentats indiscriminés. Un succès est peu probable en raison des réactions suscitées, mais souvent aussi du manque d'objectifs réalistes poursuivis par l'organisation responsable, laquelle ne donne aucune prise aux négociations et aux compromis. Une issue plus favorable peut se présenter à la seconde voie, qui recourt de façon ponctuelle et ciblée au terrorisme, aux côtés d'autres modes d'action requérant une certaine assise sociale. L'*Intifada* (la guerre des pierres), déclenchée en décembre 1987, a peut-être plus fait pour le règlement de la question palestinienne que les attentats de l'OLP. D'abord parce qu'elle a replacé le conflit en son cœur : les territoires occupés par Israël de Cisjordanie et Gaza. Ensuite parce qu'elle exprimait un soulèvement populaire et une détresse capables d'émouvoir les pays tiers.

Enfin parce qu'elle a favorisé l'unification des Palestiniens de l'OLP et des organisations islamistes. Mais on peut aussi considérer qu'elle est la résultante des vingt années d'actions précédentes…

Une action d'éclat donc, brève mais intense, provoque parfois le choc propice au soulèvement du groupe de référence ou à l'intervention des grandes puissances. L'assassinat d'une personnalité, ponctuel, peut alerter la communauté internationale et la mobiliser pour faire pression sur le gouvernement afin qu'il engage des négociations s'il ne veut pas être pénalisé par l'isolement diplomatique. Celui de l'amiral Carrero Blanco en 1973 entraîna une campagne internationale menée par des intellectuels contre la dictature de Franco que l'ETA attaquait ainsi de front. En revanche, celui d'Aldo Moro a vraisemblablement hâté le démantèlement des Brigades rouges : d'une part en approfondissant les contradictions au sein de la mouvance favorable à la lutte armée, dont une partie s'est désolidarisée non à cause du meurtre lui-même, mais surtout du fait de la longue séquestration de cinquante-cinq jours qui l'a précédé ; d'autre part en provoquant une vague de recrutements sans précédent que l'organisation n'était pas en mesure de gérer politiquement ; enfin par la réaction politique, militaire et psychologique qu'il déchaîna. La différence tient en grande partie au fait que, dans un cas, l'assassinat touche une démocratie, dans l'autre, une dictature, ce qui, de l'extérieur, donne au groupe rebelle une présomption de légitimité, puisqu'il y est privé de moyens légaux de protestation.

En somme, tandis que les réussites totales sont extrêmement rares, les succès partiels sont relativement fréquents, tant au niveau symbolique de la reconnaissance internationale que sur le plan, plus concret, des concessions accordées par les pouvoirs publics nationaux (élargissement de l'autonomie du Pays basque espagnol).

Rivalité mimétique * et double monstrueux

Imiter les attributs du pouvoir

L'immixtion d'un État dans certaines actions tempérait déjà l'idée selon laquelle le terrorisme serait en quelque sorte par principe l'arme des faibles. Il en va de même d'une autre de ses caractéristiques : le rapport ambivalent qu'il entretient avec l'État honni. Combattu, haï, diabolisé, celui-ci est également objet de fascination, voire de désir, ce qui amène l'organisation à le mimer en cherchant parfois à calquer tous les attributs du pouvoir d'État. C'est particulièrement vrai des mouvements séparatistes qui s'appliquent à trouver un substitut à chaque symbole étatique : un drapeau, un hymne, une histoire officielle, une carte d'identité, etc. On pourrait n'y voir qu'une concurrence logique ou que l'expression de leurs espoirs d'accéder un jour à la souveraineté. Mais le mimétisme se retrouve aussi, certes dans une moindre mesure, chez les groupes révolutionnaires d'extrême gauche, théoriquement les plus hostiles à la forme État, puisqu'ils prônent son dépérissement. En somme, « la spécificité de la relation terroriste est d'engendrer à tous les niveaux du mimétisme là où on attendait de la différence. Mimétisme au niveau des méthodes, des discours et, même, au niveau organisationnel [10] ». Suivant cette lecture, le terrorisme est une « manifestation conflictuelle du désir mimétique » au centre duquel l'État est à la fois le modèle et l'obstacle [11].

La plupart des groupes armés d'aujourd'hui s'inspirent de deux modèles d'organisation : les mouvements de libération des années 50-60 et l'État bureaucratique. Une division élémentaire est celle qui distingue l'appareil politique de l'appareil militaire, censé être subordonné au premier mais qui, dans les faits, le supplante souvent ou se confond avec lui. Il se hiérarchise à son tour en un commandement unique (*Army Council* de l'IRA, comité exécutif de l'ETA, direction stratégique des Brigades rouges), suivi de cellules de base à assise territoriale qui regroupent les clandestins et, parfois, de « simples » militants : une centaine d'*Active Service Unit* pour l'IRA, une dizaine de commandos basques et autant de colonnes pour les Brigades rouges. Suivant les groupes, les activités principales – financement (« impôt révolutionnaire », braquages, rançons, dons), communication et, bien sûr, tout ce qui rend possible les opérations militaires (renseignement, entraînement, logistique) – sont décentralisées ou du ressort direct de l'organe national.

L'imitation est évidente lors des manifestations de puissance de l'organisation. En premier lieu dans la collecte de fonds, souvent forcée, auprès de la population. Elle exige du groupe un minimum d'assise sociale, faute de quoi elle tourne à la stricte prédation. Son appellation, « impôt révolutionnaire », indique en elle-même sa visée, double : disputer à l'État l'un des attributs de souveraineté, mais aussi imposer matériellement et symboliquement la reconnaissance du groupe aux individus au nom desquels il combat ou, *a contrario*, qu'il considère comme ses ennemis (par exemple les entrepreneurs non basques au Pays basque). La reproduction est également forte sur le terrain de « l'administration de la justice », elle aussi éminemment symbolique de l'État puisqu'elle relève des droits régaliens. L'ennemi est gardé dans une « prison populaire », soumis à un « tribunal du peuple » qui l'interroge sur ses « activités contre-révolutionnaires » et prononce une sentence. On la trouve enfin au travers du décorum et de la solennité avec lesquels les organisations se mettent en scène, par exemple lors des conférences de presse du FLNC (Front de libération nationale de la Corse)[12]. Le mimétisme atteint son paroxysme avec l'OLP qui a mené une action diplomatique grâce à la reconnaissance de nombreux États et même de l'ONU à partir de novembre 1974, date à laquelle elle y obtint un statut d'observateur. Dans sa concurrence effrénée à l'État, le groupe est quelquefois amené à lui lancer un défi qui dépasse, non sa capacité militaire, mais sa faculté politique de le gérer.

Il arrive que le tête-à-tête avec le pouvoir politique éloigne l'organisation de son but premier et brouille la lisibilité de sa stratégie au point qu'elle peut apparaître suicidaire, ou en tout cas contre-productive, car elle participe ainsi à une relégitimation de l'État. Que faire par exemple après avoir assassiné un des plus hauts dignitaires du régime ? Telle fut sans

PIRA (1998)
(Provisionnal Irish Republican Army)

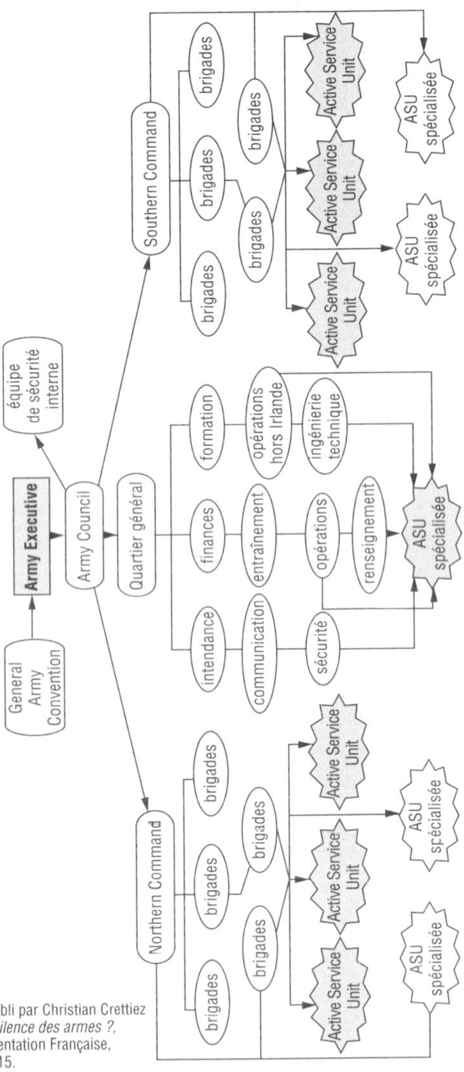

Source :
tableau établi par Christian Crettiez (dir.), *Le Silence des armes ?*, La Documentation Française, 1999, p. 215.

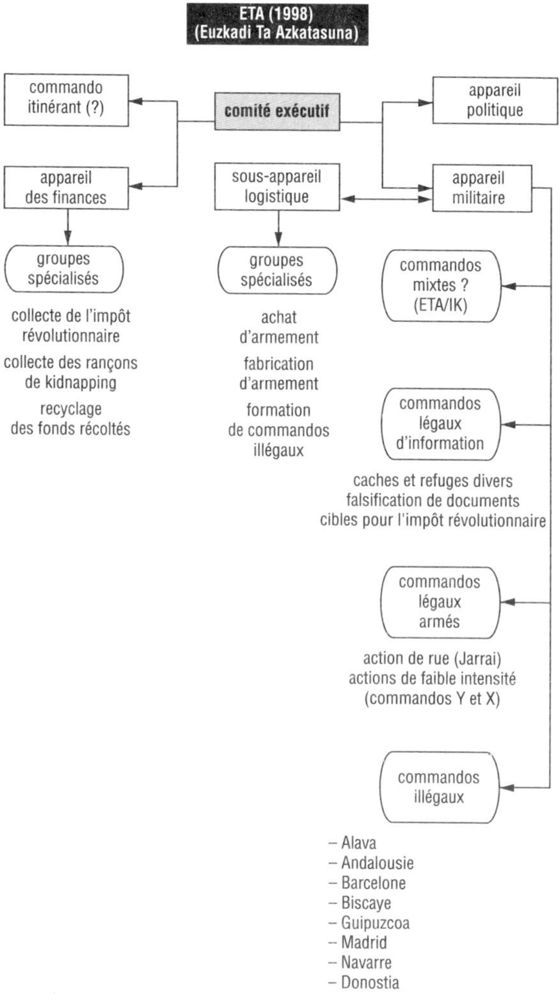

Source : tableau établi par Christian Crettiez (dir.), *Le Silence des armes ?*, La Documentation Française, 1999, p. 215.
Nous remercions Christian Lefebvre et Xavier Crettiez pour nous avoir permis de reproduire ces organigrammes.

doute l'une des questions que se posèrent les Brigades rouges au lendemain de l'affaire Moro. Au paroxysme de la crise, Leonardo Sciascia fit scandale pour son indifférence vis-à-vis de ce qu'il considérait être un « mélodrame d'amour pour l'État ».

Quand l'État et le terrorisme sont complices

Le rapport étrange qui lie les ennemis évolue parfois vers une complicité monstrueuse quand ils se nourrissent l'un de l'autre. Dans cette optique, on observera par exemple que de nombreux groupes armés ont élevé leur puissance de tir non pas contre une dictature, mais contre un régime libéral qui commençait à s'installer, au risque de compromettre la transition démocratique : 95 % des actions d'ETA sont menées sous un régime démocratique, après la mort de Franco, en 1975. Au Pérou, le Sentier lumineux lance sa « guerre populaire prolongée » en 1980, quand les civils retournent au pouvoir après douze ans de régime militaire. Dix ans plus tard, la voie est ouverte pour que le nouveau président Alberto Fujimori réalise son « coup d'État de l'intérieur » : dissolution du Congrès, Constitution abrogée, état d'urgence et armée renforcés, etc. En 1992, le leader du Sentier lumineux, Abimaël Guzman, est arrêté et son parti décapité. La « petite guerre » aura fait plus de vingt-cinq mille victimes. Pourtant, le Sentier lumineux n'était pas mû par une logique de « provocation-répression » comme peuvent l'être d'autres groupes qui attendent du déchaînement de la répression l'« exacerbation des contradictions », censée déboucher sur un soulèvement populaire. Ainsi le militant brésilien Carlos Marighella affirme-t-il qu'« il est nécessaire pour transformer une crise politique en lutte armée » d'obliger « le pouvoir à instaurer l'état de siège. Cela lui aliénera les masses qui ne sauraient tarder à se révolter contre la police et l'armée, les tenant responsables de cette situation ».

Miser sur la politique du pire est pourtant une tactique qui n'a guère eu les effets escomptés par les rebelles. Au contraire, des gouvernements ont parfois saisi le prétexte d'un climat politique troublé pour justifier l'instauration d'un régime dictatorial, quand ils n'ont pas eux-mêmes fomenté un attentat attribué ensuite à leurs adversaires. Un exemple nous est donné par les nazis avec leur incendie criminel du Reichstag, le 27 février 1933, dont ils rendirent responsables les communistes et dont ils se servirent pour instaurer l'État de terreur. C'est également le cas en Afrique du Sud où le régime d'apartheid a entrepris, au milieu des années 80, d'aider secrètement l'Inkhatha Freedom Party de Mangosuthu Buthelezi dans sa rivalité violente avec l'ANC (Congrès national africain), afin d'accentuer les divisions de la communauté noire, lesquelles ont fait vingt mille morts en son sein depuis 1985. De même, le gouvernement militaire d'Alger et l'entourage d'Eltsine sont aujourd'hui lourdement soupçonnés dans les attentats que connaissent leurs pays.

Parfois, cette fascination pour l'État conduit des terroristes à se mettre à son service. De nombreux dissidents de l'OLP se sont ainsi faits corsaires. Par exemple, Abou Nidal, que son ancienne organisation a condamné à mort par contumace, a tour à tour assuré les basses œuvres de l'Irak contre la Syrie, puis de la Syrie, enfin de la Libye. Un autre cas de figure nous est donné par la guerre civile algérienne, où le recours aux armes finit par servir à accéder aux rouages de l'État. Certes, parce qu'elle est froide, rationnelle, calculée et instrumentale, la violence terroriste sous-tend un rapport de marchandage ou de négociation. Mais le cas évoqué va bien au-delà. Depuis 1997 et la trêve déclarée de trois groupes islamistes, l'armée et les GIA (Groupes islamistes armés) demeurent face à face sur le terrain dans une compétition/complicité extrêmes. Les protagonistes de la guerre civile semblent désormais inextricablement liés : par les moyens de terreur, utilisés de part et d'autre, au point que la responsabilité des massacres commis sur la population est toujours sujette à questionnements ; par leurs buts également, puisque chacun cherche à profiter des prébendes qu'offre l'accès au pouvoir politique, objectif qui a supplanté, pour les GIA, le projet d'instauration d'un État islamiste. Sur l'issue de cette guerre de dupes, Luis Martinez fait l'hypothèse, non de la victoire de l'un sur l'autre, mais d'une « fusion des élites guerrières [13] ». En l'occurrence, le terrorisme fonde un nouvel équilibre politique qui, loin des objectifs révolutionnaires initiaux, perpétue un mode d'exercice du pouvoir déjà ancien.

La relation de miroir qui unit les ennemis nous renvoie à l'origine étymologique et historique du terrorisme : une expérience paroxystique du pouvoir d'État. Comme le dit Laurent Dispot, « le terrorisme a le culte du pouvoir d'État. Il est né en son sein [14] ». D'où le lien ombilical et réversible existant entre terreur et terrorisme. À l'image du totalitarisme* qui est une hypertrophie de la puissance d'État, le terrorisme est, pourrait-on dire, une hypertrophie de la puissance des faibles.

Vers une typologie des terrorismes

Les groupes terroristes sont variés. Dans leur dimension tout d'abord : rien de comparable entre la bande de quelques dizaines de militants d'Action directe et l'armée de mille cinq cents hommes de l'IRA durant les années 70, ou celle du Sentier lumineux, qui regroupe vingt-cinq mille hommes dont trois à cinq mille étaient de véritables « professionnels » en 1992 selon la Rand Corporation. La clandestinité est leur seul point commun. Hétérogénéité dans leurs objectifs également : conquérir une indépendance, fomenter une insurrection, ériger un État théocratique… Pour y parvenir, les organisations peuvent déployer diverses stratégies, comme les attaques contre les infrastructures économiques et les sources de devises du pays (par exemple, le tourisme en Égypte et en Turquie), les campagnes d'assassinats ou d'attentats à la bombe, etc. Certaines limitent leur action au terrain du conflit, d'autres poursuivent une stratégie d'internationalisation.

Dans ce contexte, on ne s'étonnera pas de la multiplicité des typologies, de sorte que l'exercice de classement des mouvements terroristes est souvent difficile. Les violences qui secouent le Caucase à la fin des années 90 relèvent par exemple à la fois de la lutte d'indépendance vis-à-vis de Moscou et du combat religieux. D'autres sont trop erratiques pour constituer une catégorie, comme les actes isolés d'un Unabomber ou les toutes nouvelles violences « écoterroristes » d'un Front de libération des animaux en Grande-Bretagne. Nous dégagerons toutefois quatre groupes principaux. Les deux premiers peuvent être qualifiés de traditionnels, puisqu'on les trouve dès l'origine du phénomène. Il s'agit d'une part du terrorisme communautaire, d'autre part du terrorisme révolutionnaire. Le troisième, le terrorisme religieux, est le plus récent et celui qui suscite aujourd'hui le plus d'inquiétudes. Enfin, le terrorisme d'État est une catégorie à part qui désigne une utilisation illégale et illégitime de la violence d'État.

Le terrorisme communautaire

Nous parlerons de terrorisme communautaire lorsque la violence est exercée au nom d'un groupe qui se considère comme homogène contre un autre qu'il perçoit comme étranger. Cette catégorie renvoie aux minorités indépendantistes en lutte contre un État, et ce sous diverses déclinaisons : les mouvements nationalistes proprement dits ou sécessionnistes qui cherchent à chasser ceux qu'ils considèrent être des colonisateurs; les mouvements irrédentistes* qui visent à regrouper au sein d'une même entité politique une population partagée entre plusieurs États et, par conséquent, à l'annexion par la « mère-patrie » d'un territoire voisin où cette population est importante, voire majoritaire.

Les mouvements irrédentistes se développent lorsque les frontières politiques ne coïncident pas avec les frontières linguistiques et culturelles. Ils mettent en jeu un État non seulement face à une minorité, mais aussi face à l'un de ses voisins qui soutient, voire encourage, les velléités indépendantistes. Citons pour exemples le différend entre la Grèce et l'Albanie sur l'Épire du Nord avec un Front de libération qui revendique un transfert de souveraineté au profit de la Grèce, ou encore la question du Haut-Adige italien, périodiquement touché, des années 60 aux années 80, par les attentats d'un groupe germanophone réclamant le rattachement du « Sud Tyrol » à l'Autriche. Ces rivalités débouchent parfois sur des conflits interétatiques – le Cachemire a été à l'origine de deux guerres entre l'Inde et le Pakistan depuis leur partition en 1947 – et le nationalisme sur des guerres civiles, comme au Sri Lanka, suite aux offensives des Tigres tamouls. On le voit, la catégorie « terrorisme communautaire » renvoie à des réalités de degrés très différents.

Les revendications indépendantistes sont les plus régulières, à la fois dans le temps et dans l'espace, que ce soit en Europe, en Afrique (la Casamance, par exemple), en Asie (Pendjab, Assam, etc.) ou ailleurs. Cependant, elles éclosent de façon privilégiée à la suite de l'effondrement d'un système impérial – chute de l'empire ottoman à la fin du XIXe siècle, décolonisation des années 50-60, implosion de l'URSS en 1990 – ou en réaction aux ambitions hégémoniques d'une ethnie majoritaire. C'est parfois l'apparition d'une crise économique qui sert de catalyseur en aiguisant le sentiment de marginalisation dont souffrent souvent les minorités. Ainsi, le réveil nationaliste corse a suivi trois étapes : l'arrivée sur l'île des rapatriés d'Afrique du Nord entre 1957 et 1965, vécue comme une invasion et une concurrence déloyale en raison des nombreuses aides dont bénéficiaient leurs exploitations agricoles ; l'affaire des « boues rouges » (le déversement, par une société italienne, de déchets toxiques au large de Bastia) en 1973 et, deux ans plus tard, celle d'Aléria (occupation de la cave d'un viticulteur pied-noir accusé de fraude par des nationalistes corses) dont la répression fera trois victimes. En 1976, la naissance du FLNC est annoncée par vingt-deux attentats au plastic.

Les mouvements nationalistes en Europe

La montée du nationalisme peut aussi se nourrir lentement de rancœurs accumulées par l'expérience d'inégalités de traitement entre les communautés qui ravivent au sein du groupe le sentiment de sa particularité, fondée – à tort ou à raison – sur une histoire, une langue ou une culture différentes. Tel fut le cas en Irlande du Nord : après l'indépendance de la partie sud de l'île en 1921 et la fin de la guerre civile en 1923, l'IRA entre en sommeil. Elle renaît au nord en 1969, cinquante ans après sa fondation, dans un contexte de graves émeutes intercommunautaires, en assurant la défense des quartiers catholiques victimes des milices protestantes et de l'armée britannique. À l'opposition religieuse s'ajoute désormais une opposition sociale en raison de la politique de ségrégation et de « développement séparé » menée par Londres. Une guerre civile larvée – on parle pudiquement en Grande-Bretagne de « troubles » – voit le jour, qui fera plus de 3000 victimes et 23718 blessés entre 1969 et l'été 1994 sous les coups conjugués de l'IRA mais aussi des groupes paramilitaires protestants : UVF (*Ulster Volunteer Force*, forces des volontaires de l'Ulster), fondées en 1912, et UFF (*Ulster Freedom Fighters*, combattants pour la liberté de l'Ulster), créés en 1971, pour les principaux.

Sans doute l'existence de minorités n'implique-t-elle pas en soi celle du terrorisme séparatiste. Le nationalisme écossais, par exemple, ne s'est jamais exprimé par la violence depuis le XVIIIe siècle. Quant à l'Espagne, si elle s'est trouvée confrontée à plusieurs mouvements nationalistes (catalan, aragonais, galicien), seul le basque a véritablement emprunté la voie de la lutte armée. C'est en 1959 qu'est né le mouvement clandestin ETA, dans l'objectif de construire un « État socialiste basque indépendant, réunifié et bascophone ». Sous l'influence des modèles de guérilla révolutionnaire et des mouvements de libération nationale du tiers-monde, il choisit la lutte armée en 1962 et commet sa première action d'envergure six ans plus tard contre un chef de police tortionnaire. Il profite du climat d'effervescence sociale des années 60-70 et de l'indignation internationale soulevée par la condamnation à mort de neuf des seize inculpés du procès Burgos en décembre 1970 pour poursuivre son combat indépendantiste avant de connaître de multiples scissions entre les partisans du tout-militaire et ceux favorables à une lutte sur deux fronts : militaire mais aussi politique. Ni la fin de la dictature en 1976, ni la mise en place d'un statut d'autonomie pour le Pays basque n'épuisent la lutte armée qui devient au contraire plus âpre avec notamment le recours aux attentats aveugles. Commence alors une lente mais régulière érosion du soutien populaire dont ETA profitait jusqu'aux puissantes manifestations antiterroristes soulevées à partir de 1998 à la suite de l'intensification des assassinats d'élus du Parti Populaire.

Il existe de profondes similitudes entre les dynamiques irlandaise et basque : une renaissance à la fin des années 60 avec une nouvelle ligne politique « gauchisée » qui les écarte du courant conservateur et confessionnel de leurs origines; des scissions internes tout au long des années 70 qui sont en grande partie responsables d'une surenchère militariste; une même escalade de la violence avec des attentats indiscriminés. Une autre similitude tient à l'existence de mouvements qualifiés d'antiterroristes mais qui recourent eux aussi au terrorisme : d'un côté les milices protestantes, de l'autre les GAL (Groupes antiterroristes de libération) d'inspiration directement étatique. Enfin, on a assisté, dans les deux pays, aux prémices d'une sortie du conflit à partir de la fin des années 90. Après la signature, par l'ensemble des partis nationalistes basques, de la déclaration de Lizarra favorable à des négociations, ETA a annoncé en septembre 1998 une trêve « unilatérale et illimitée » qui est toutefois rompue un an après. En Ulster, les années 90 ont vu le dialogue se nouer entre protestants et catholiques, Britanniques et Irlandais, lequel a débouché le 10 avril 1998 sur l'accord de Stormont – dit encore « du vendredi saint » – qui prévoit une semi-autonomie ainsi que la possibilité, à terme, d'une réunification de l'île. Un pas de plus est franchi en novembre 1999 avec l'entrée dans le premier gouvernement d'Irlande du Nord du numéro deux du Sinn Fein et ancien commandant de région de l'IRA.

Une issue pourrait aussi se dégager pour un autre grand mouvement nationaliste violent : le PKK (Parti des travailleurs du Kurdistan) qui a décrété la fin de la lutte armée durant l'été 1999, à la suite de l'arrestation de son leader et fondateur Abdallah Ocalan, dit Apo. Son combat, inauguré en 1974 et centré sur les intérêts turcs, s'est toujours heurté à la difficulté d'unifier une population à l'origine nomade et aujourd'hui éparpillée entre la Turquie, l'Irak, l'Iran et la Syrie (sans compter la diaspora). L'avenir du nationalisme kurde dépend de la réponse de la Turquie, aujourd'hui encore très intransigeante, à la trêve unilatérale du mouvement clandestin.

Le mouvement palestinien

Le conflit communautaire sans doute le plus important de la seconde moitié du siècle paraît également être en voie de résolution : le mouvement palestinien. Il trouve ses origines dans le traumatisme fondateur de la naissance d'Israël en 1948, qui provoque le départ de quelque sept cent mille Palestiniens. Mais c'est à l'initiative de la ligue arabe qu'il se structure en 1964, avec la constitution de l'OLP. Confédération de groupes de sensibilités diverses dont les principaux sont le Fath de Yasser Arafat, le FPLP de Georges Habache et le Front démocratique de libération de la Palestine (FDLP), elle s'assigne d'abord comme objectifs la destruction d'Israël ainsi que la création d'un État palestinien par le recours à la lutte armée. L'échec de la coalition anti-israélienne lors de la guerre des six jours en 1967 et celui du nationalisme arabe vont lui permettre de conquérir véritablement son autonomie vis-à-vis de ses alliés et l'obliger à miser sur l'intervention des grandes puissances. C'est une période de forte radicalisation de l'OLP, comme en témoignent le refus d'une solution négociée encouragée par l'ONU et les États-Unis ou le recours au « terrorisme publicitaire » dans les pays tiers. Celui-ci répond à la fois à un manque – l'absence de base et de soulèvement populaires dans les territoires occupés –, à la nécessité de sortir du face-à-face avec Israël et à une concurrence entre groupes palestiniens qui se traduit par une surenchère militariste, les actions les plus sanglantes étant souvent le fait de dissidents.

Les attentats suivent une courbe ascendante jusqu'en 1973 pour décroître ensuite avec les succès diplomatiques remportés à partir de 1974 par l'OLP. Leur internationalisation est sans ambiguïté, puisqu'on dénombre cinq cent soixante-cinq actions hors d'Israël, prioritairement en Italie (soixante-quatre), en France (soixante et une), en RFA (cinquante-deux), en Grèce (trente-cinq) et en Grande-Bretagne (trente-deux). Entre 1969 et 1986, cinquante-quatre des quatre cent quatre-vingt-dix-huit victimes sont des citoyens israéliens [15]. Les opérations privilégiées relèvent d'abord de la piraterie aérienne jusqu'à son abandon par le FPLP en 1972. Viennent ensuite les prises d'otages dont la plus fameuse reste celle des onze ministres de l'OPEP à Vienne en décembre 1975. Elles sont souvent sanglantes et parfois suicidaires, comme le massacre de l'aéroport de Lod en Israël le 30 mai 1972, qui fit vingt-quatre victimes.

Dans ces conditions d'internationalisation du conflit, on ne s'étonnera pas que la dynamique du processus de paix obéisse à des facteurs qui échappent en partie aux Palestiniens. Qu'il s'agisse des accords de Camp David entre Sadate et Begin en novembre 1977 ou du dialogue israélo-palestinien lancé par Washington, les initiatives sont l'œuvre d'États tiers qui, par ce biais, mènent leur propre politique régionale. Elles déboucheront pourtant sur les accords d'Oslo, en septembre 1993, qui ouvrent la voie à l'autonomie palestinienne, d'abord sur Gaza et Jericho, puis sur la Cisjordanie. Mais l'enlisement du processus de paix, bloqué durant le gouvernement du Likoud, provoque depuis février 1996 une recrudescence d'attentats de facture désormais islamiste.

En Europe de l'Est

Tandis que les armes semblent se taire dans les conflits communautaires les plus anciens, c'est l'Europe de l'Est qui, depuis l'effondrement du système soviétique et de ses satellites, se fissure de toute part. Les foyers de tension se multiplient, des Balkans jusqu'au Caucase. Des conflits d'un type nouveau s'y font jour, notamment en Tchétchénie durant l'hiver 1994-1995, et au Daghestan l'été 1999 où l'imbroglio est total en raison de la multiplicité des forces en présence : armée régulière russe contre des rebelles au commandement éclaté, mais aussi combattants étrangers (« Afghans », « Cosaques », mercenaires) aux intérêts variés et, indirectement, États voisins mus par des objectifs de puissance régionale et par l'enjeu pétrolier de la mer Caspienne. Le manque de clarté quant aux objectifs poursuivis ajoute à la confusion : on observe des revendications séparatistes floues et une instrumentalisation évidente de la religion, les groupes armés se réclamant du wahhabisme, une secte sunnite d'inspiration saoudienne. *Last but not least*, les combats profiteraient au déploiement de trafics en tout genre (drogue, armes, œuvres d'art et antiquités) qui leur donneraient une dimension criminelle certaine. Pour l'ensemble de ces raisons, les mouvements caucasiens préfigureraient aux yeux de beaucoup un nouveau type de conflits particulièrement perturbateurs.

Le terrorisme révolutionnaire

Sans préjuger de l'avenir, on peut dire que le terrorisme d'inspiration révolutionnaire est très précisément circonscrit dans l'Europe des années 70. Le contexte international, marqué par la guerre du Viêt-nam et les luttes du tiers-monde, ainsi que le climat d'agitation estudiantine et parfois ouvrière, ont contribué à réactiver l'idéologie marxiste dans sa variante léniniste. L'idée selon laquelle « la violence est l'accoucheuse de l'Histoire » amena alors certains à chercher à en forcer le cours par la propagande armée.

Les mouvements d'extrême gauche

L'Italie et la RFA furent de loin les pays les plus marqués par la violence armée, à des titres toutefois très différents. Les actions d'extrême gauche firent dans la péninsule cent soixante-quatre morts entre 1969 et 1982, contre cinquante-sept en Allemagne, tandis que quelque six mille individus y furent inculpés pour association subversive et appartenance à un groupe armé, et mille quatre cent vingt-sept pour avoir été membres d'une organisation clandestine, contre quelques centaines outre-Rhin.

Le fait italien est unique en Europe, à la fois par l'ampleur et l'intensité de la rébellion armée. Les « années de plomb » suivent toutefois une dynamique semblable dans les deux pays : elles plongent leurs racines dans le mouvement étudiant de 1967-1969 qui, d'une révolte universitaire, évolue rapidement vers une remise en cause globale du système capitaliste. C'est sa répression qui précipite, chez une partie des contestataires, le passage de l'acceptation abstraite de la violence à sa pratique. Ainsi, le 2 juin 1967, la mort d'un manifestant lors d'une marche contre la venue du shah d'Iran en RFA fournira cinq ans plus tard son nom au deuxième groupe armé allemand : le Mouvement du 2 juin. En Italie, la question de « l'autodéfense » se pose au lendemain de l'explosion d'une bombe dans un établissement bancaire de la Piazza Fontana, à Milan, le 12 décembre 1969, qui inaugure une longue série de « massacres d'État », ces attentats à l'explosif réalisés par l'extrême droite avec la complicité d'une partie des services secrets. Le premier groupe clandestin – les GAP (*Gruppi di azione partigiane*, groupes d'actions partisanes) – voit le jour l'année suivante à l'initiative de l'éditeur Giacomo Feltrinelli sous le double modèle partisan et foquiste*.

Les « années de plomb » restent toutefois attachées à deux autres organisations créées en 1970 : la RAF allemande et les Brigades rouges italiennes. Initialement, leurs actions ont une valeur essentiellement défensive et propédeutique. Elles sont aussi utilitaires (braquages de banques et enlèvements de personnalités contre rançon pour financer la lutte armée) et démonstratives (incendies de grands magasins en RFA et d'automobiles de cadres d'entreprise en Italie). L'escalade est brutale outre-Rhin, puisque le premier assassinat est signé par le Mouvement du 2 juin dès l'année de sa création, en 1972. La victime en est Günter von Drenkmann, président de la Cour suprême. De son côté, la RAF kidnappe le secrétaire général des chrétiens-démocrates de Berlin-Ouest, Peter Lorenz, qui sera relâché en échange de la libération de cinq prisonniers politiques. C'est également l'année du premier enlèvement réalisé par les Brigades rouges contre un dirigeant de l'entreprise Sit-Siemens, Idalgo Macchiarini. La radicalisation est plus progressive, mais aussi plus diffuse, en Italie. Une étape est franchie en 1976 avec la création de Prima Linea et l'assassinat, par les Brigades rouges, du juge Francesco Coco, qui précèdent l'explosion de violences tous azimuts de 1977 : manifestations armées, « expropriations prolétariennes* », meurtres et « jambisations » se multiplient. La tension culmine en 1978 avec la séquestration, suivie de l'exécution, du président du Conseil italien Aldo Moro. 1977 est aussi une sombre année en Allemagne, avec notamment les assassinats du procureur général Siegfried Buback en avril et, en octobre, de Hans Martin Schleyer, chef du patronat allemand, en riposte, dans les deux cas, à la mort en prison jugée suspecte des leaders de la RAF Ulrike Meinhof en mai 1976, puis Andreas Baader, Gudrun Ensslin et Jan-Carl Raspe le 18 octobre.

Bien qu'elles partagent des convictions semblables sur l'impérialisme américain et la dérive autoritaire de leurs États respectifs, les organisations clandestines vont rapidement suivre des stratégies différentes. Tandis que les Italiens privilégient le terrain des usines et se limitent à la scène nationale, les Allemands s'attaquent surtout aux bases militaires des États-Unis et de l'OTAN dans une optique internationaliste qui les amène à nouer des contacts avec les Palestiniens du FPLP puis à envisager avec les Français Joëlle Aubron, Nathalie Ménigon, Jean-Marc Rouillan et Georges Cipriani d'Action directe de mener une « guérilla ouest-européenne » débutant en 1985 par les assassinats du général René Audran et d'Ernest Zimmerman, industriel de l'aéronautique allemande. L'initiative « euroterroriste » n'ira pas loin : partout, la première moitié des années 80 est marquée par l'épuisement puis la fin du terrorisme révolutionnaire d'extrême gauche.

Les mouvements d'extrême droite

À l'autre bout de l'échiquier politique, l'extrême droite frappe de façon peut-être plus sporadique mais aussi plus régulière. Elle trouve son unité dans le racisme et l'antisémitisme. Partout en Europe, le nombre d'attentats qui lui est imputable est en forte augmentation au cours des années 90, surtout en Autriche et en Allemagne où ils ont fait trente morts en l'espace de trois ans (1991-1993). Mais c'est aux États-Unis que le phénomène prend des proportions de masse, puisqu'on dénombre quelque quatre cent soixante-quatorze groupes appelés « néonazis » ou *hate groups* (groupes de la haine) qui compteraient vingt-cinq mille activistes. Depuis l'attentat d'Oklahoma city le 19 avril 1995, les affaires de ce type sont passées de moins d'une centaine à plus de neuf cents trois ans plus tard, sans que l'on sache précisément qui, des groupes néonazis ou des milices antifédérales, en sont les responsables [16].

Un danger supplémentaire vient de leur stratégie, efficace, d'infiltration de l'armée, et en particulier des corps d'élite. Dans de nombreux cas, l'extrême droite radicale flirte avec les appareils de répression, quand elle ne sert pas de couverture à des opérations douteuses. On trouve ici l'un des facteurs de l'originalité de l'expérience italienne qui tient sans doute à la confrontation des terrorismes « rouge » et « noir ». Tout au long des années 70, l'activisme d'extrême droite est tellement virulent que, entre 1969 et 1975, 83 % des faits dits de violence politique lui sont imputables, ainsi que soixante-trois des quatre-vingt-douze victimes de l'époque.

Les groupes d'inspiration néofasciste sont parfois portés par une logique révolutionnaire qui n'interdit pas leur complicité avec une partie de l'appareil d'État séduite par « le retour à l'ordre ». Exaspérer la confrontation entre les radicalismes, entretenir le désordre pour préparer l'opinion aux bienfaits d'une « reprise en main » musclée, tel était, en Italie, l'objectif de la « stratégie de la tension » poursuivie dans les « massacres d'État » : attentat contre un train à Gioia Tauro le 22 juillet 1970 (six victimes, cinquante blessés), explosion d'une bombe au passage d'un cortège antifasciste le 28 mai 1974 (huit morts, quatre-vingt-quatorze blessés), explosion le 4 août dans le train Italicus (douze morts, cent cinq blessés), bombe à la gare de Bologne le 2 août 1980 (quatre-vingt-cinq morts, cent soixante-dix-sept blessés). On rejoint là la question du terrorisme d'État.

Le terrorisme religieux

L'inquiétude que suscite depuis la fin des années 80 le terrorisme religieux fait écho au succès de la thèse de Samuel Huntington sur le « choc des civilisations ». Dans un article retentissant paru en 1993, l'Américain décèle une nouvelle configuration des conflits, en vigueur depuis la chute du Mur de Berlin, dominée par la confrontation de plusieurs systèmes culturels/religieux (confucéen, hindou, islamiste, slave-orthodoxe, etc.)[17]. Sans aller jusqu'à avaliser une thèse à bien des égards schématique, notons qu'on assiste à partir du milieu des années 70 à une transformation du champ religieux, en particulier dans ses rapports avec le politique[18]. En rupture avec le processus de sécularisation*, de plus en plus de groupes en marge des Églises officielles prônent un retour à la lettre du texte sacré et contestent bruyamment, mais aussi parfois violemment, la laïcité et les gouvernements profanes.

Il y a sans doute une instrumentalisation du religieux à des fins de transformations politiques qui fait de ces mouvements l'expression d'une protestation sociale impuissante à prendre forme en dehors du discours mystique, notamment à cause de la crise des idéologies universalistes. Le développement du radicalisme religieux s'inscrit aussi sur fond de crise de l'État lorsque, dans les pays arabes par exemple, s'épuisent les discours de construction nationale. Il se nourrit de la crise économique et de ses conséquences sociales, ainsi qu'en témoigne sa capacité de séduction auprès d'une clientèle de nouveaux convertis. Peut-être témoigne-t-il aussi d'un besoin de transcendance que n'arrivent pas à satisfaire les sociétés modernes. Là encore, il ne saurait être question de criminaliser l'ensemble des mouvements fondamentalistes. Seule une partie d'entre eux verse dans la violence, et ce dans des proportions toujours plus grandes et plus meurtrières.

Les élus de Dieu contre les suppôts de Satan

Inconnu en 1968, le terrorisme religieux apparaît en 1980, un an après la révolution iranienne qui, pendant quelques années, se veut et sera un modèle pour les organisations islamistes en appelant à la guerre sainte. Le directeur de la Rand Corporation, Bruce Hoffman, estime qu'il représente le quart des groupes terroristes actifs en 1992 (onze sur quarante-huit répertoriés) et le tiers d'entre eux en 1995 (vingt-cinq sur cinquante-huit). Mais si seuls 8 % des attentats perpétrés dans le monde entre 1982 et 1989 sont attribués aux religieux, ces derniers sont responsables de 30 % des victimes [19]. Ce simple chiffre témoigne de la violence du terrorisme religieux. Il révèle une tendance, à l'œuvre dans la dernière décennie, qui est celle du déclin des actions terroristes et de l'augmentation concomitante du nombre de leurs victimes. On remarquera toutefois avec David C. Rapoport que, jusqu'au XIXe siècle, la terreur était le plus souvent employée au nom de la religion. La nouveauté du phénomène est donc toute relative.

Les groupes religieux radicaux ont en commun d'être les pourfendeurs acharnés des gouvernements profanes. La plupart ont une composante raciste certaine qui, souvent, n'est qu'un prolongement exacerbé de leur vision manichéenne du monde. Leur combat, qu'ils vivent comme celui des élus de Dieu contre les infidèles, voire les suppôts de Satan, est total et sans limite. D'où l'absence de retenue dans les moyens utilisés : commandos-suicides des islamistes, attaque au gaz du métro de Tokyo par la secte Aum (20 mars 1995), projets d'empoisonnement de l'eau courante aux États-Unis par les milices « chrétiennes-blanches », etc.

L'islamisme radical

Le terrorisme religieux le plus ancien et le plus important se pratique au nom de l'Islam, essentiellement chiite. La Rand Corporation comptabilise deux cent quarante-sept attentats chiites, mais mille cinquante-sept victimes leur seraient imputables entre 1982 et 1989. Dans nombre de pays arabes, mais aussi en Israël, certains groupes islamistes, intégristes*, dont les Frères musulmans, ont vu leur émergence encouragée par les gouvernements au cours des années 70 dans l'objectif d'affaiblir les contestations marxisantes. Ces dernières disparues, ils sont devenus les principaux fers de lance de l'opposition. En plus de leur référence religieuse, ils trouvent leur unité dans une idéologie populaire, voire populiste, de dénonciation de la corruption et de la décadence des régimes en place, inféodés à leurs yeux à l'Occident infidèle. De ce point de vue, ils sont à la fois religieux et révolutionnaires. Le succès de la révolution iranienne en 1979 donne un véritable coup de fouet à un combat dirigé à l'extérieur contre « l'impérialisme » et à l'intérieur contre des « régimes impies ». C'est l'assassinat du chef du gouvernement égyptien Anouar El Sadate en octobre 1981 qui lance le signal du *jihad* (« guerre sainte »), faisant de l'Égypte le premier pays arabe à en être victime, avant l'Algérie au lendemain de l'interruption du processus électoral par les militaires le 11 janvier 1992.

L'autre caractéristique de l'islamisme radical vient de la propension de certains groupes à emprunter la voie du terrorisme transnational. Premier groupe islamiste du genre, le Hezbollah naît, dans le cadre de la guerre du Liban, d'une scission du mouvement Amal en 1982. Il se distingue d'emblée par ses actions spectaculaires contre des cibles occidentales telles que les enlèvements et les commandos-suicides qui seront ensuite repris par le Djihad palestinien. Entre 1980 et 1986, le Liban sert de terrain d'expérimentation à la lutte des groupes islamistes contre les « satans » français et surtout américain, laquelle fera plus de sept cents victimes. Étroitement lié à l'Iran, le Hezbollah est responsable de la vague d'attentats qui ensanglanta la France durant l'automne 1986 dans l'objectif, sans doute, d'infléchir la politique étrangère de notre pays en cette période de guerre Iran/Irak. La figure de l'islamisme radical cosmopolite est aujourd'hui représentée par le saoudien Oussama Ben Laden, réfugié en Afghanistan et accusé d'être le commanditaire des actions contre les ambassades américaines du Kenya et de Tanzanie au cours de l'été 1998.

Comme en son temps pour l'OLP, on note que ces groupes ont la capacité de faire du registre transnational une ressource pour l'action. Leurs modes de financement utilisent à profit des réseaux qui transcendent les frontières de leur pays d'origine : dons, transferts financiers de sympathisants en exil, soutien de pays musulmans. La logistique est également internationalisée ainsi que, souvent, les rangs des combattants venus d'Afghanistan, de Bosnie, ou encore d'Europe, comme l'illustre la trajectoire dramatique d'un Khaled Kelkal, jeune Français de la troisième génération qui fut soupçonné d'avoir participé sur le sol hexagonal aux attentats islamistes de 1995 et trouva la mort dans un échange de coups de feu avec la police le 29 septembre de la même année.

Les violences sectaires

Toutes les religions semblent sécréter des minorités extrémistes que le recours à la violence n'arrête pas. L'assassinat du prix Nobel de la paix Yitzhak Rabin le 4 novembre 1995 a été en Israël le point d'orgue de l'opposition violente au processus de paix entamé avec les Palestiniens. C'est d'abord dans une logique de contre-terrorisme que débute en 1980 l'activisme violent de groupuscules religieux tels que le Goush Emounim (Bloc de la foi), fondé en 1974, qui signe de nombreux attentats anti-arabes avant d'envisager de dynamiter les mosquées de l'esplanade du Temple à Jérusalem dans l'intention de provoquer une conflagration générale. À la notion juridique d'État d'Israël, il substitue le concept biblique de terre d'Israël pour en appeler à l'expulsion des Palestiniens en Jordanie et à l'expansion jusqu'aux rives du Jourdain. Le fondamentalisme* protestant s'exprime quant à lui aux États-Unis par la prolifération de milices paramilitaires, croisement étrange de partisans du port d'armes farouchement opposés à l'État fédéral, de groupes anti-avortement et anti-impôts, de « petits blancs » des régions rurales développant un complexe d'« infériorité majoritaire » à forts relents racistes. Dans ce cadre, les mouvements nord-américains dits de la « suprématie blanche » sont à mi-chemin entre le politique et le religieux. Héritiers du Ku Klux Klan, souvent dirigés par des pasteurs, ils se réclament des principes théologiques et des « anti » les plus variés : antisémites, antifédéralistes, antifiscalistes... Au total, ils seraient entre cinquante et cent cinquante mille à considérer le gouvernement fédéral comme l'expression de l'Antéchrist au point parfois de s'y opposer militairement, comme à Waco le 19 avril 1993 quand quatre-vingts adeptes de la secte des Davidiens trouvèrent la mort après un siège de cinquante et un jours face au FBI.

Le terrorisme d'État

Le succès, si l'on peut parler ainsi, du « terrorisme d'en bas », celui des rebelles, nous fait trop souvent occulter une évidence, à savoir que le terrorisme d'État est sans commune mesure le plus meurtrier de tous. L'oubli vient peut-être aussi de la difficulté que nous éprouvons à penser un phénomène qui met à mal notre vision, issue d'une longue tradition philosophique et politique, du contrat social. Il semble acquis, depuis Thomas Hobbes, que le pouvoir politique doit garantir l'ordre et la sécurité en faveur desquels ses sujets ont abdiqué leur liberté. Là réside le fondement de l'obéissance, mais aussi de la légitimité de l'État que Max Weber a défini comme le détenteur du monopole de la contrainte physique. La violence d'État est réputée protectrice du plus grand nombre et fait l'objet, du moins dans les États de droit, d'une codification rigoureuse qui l'enserre dans les limites de la légalité.

L'utilisation illégale, mais surtout illégitime, de la violence est toutefois pratiquée par tous les États, à un moment ou à un autre, sous couvert de « raison d'État », qui pour liquider un opposant, qui pour maintenir son pouvoir, qui pour riposter à une contestation violente. Tel est le cas, durant la guerre d'Algérie, du recours aux tortures sur des Algériens, révélé en 1958 par le livre d'Henri Alleg *La Question*[20], puis aux barbouzes (agents secrets) contre les commandos Delta de l'OAS (Organisation armée secrète). Rappelons en outre le rôle trouble de certains services secrets italiens dans la stratégie de la tension des années 70, ou de l'État espagnol dans la création des GAL qui signeront les assassinats de vingt-sept militants basques (dont vingt-deux en France) entre 1983 et 1987.

Lorsqu'elle devient systématique et qu'elle est perpétrée à grande échelle, cette violence débouche sur la notion d'État terroriste* qui recouvre deux cas. Le premier renvoie à un État qui poursuit une politique de terreur contre l'ensemble de la population nationale ou contre un « ennemi intérieur », telle qu'elle fut conduite sous Robespierre (rappelons que l'on trouve là l'origine historique du terme « terrorisme »). Les illustrations récentes seraient malheureusement légion, de la répression à outrance, voire des génocides organisés par les États totalitaires, aux massacres de masse au Guatemala sur les populations (1981 1982), en ex-Yougoslavie ou au Rwanda, en passant par les escadrons de la mort brésiliens. L'usage de la terreur politique, quelles que soient les voies empruntées (élimination physique, torture, déportation, enfermement dans des camps de concentration, etc.), rompt radicalement avec la théorie politique à l'origine de la conception moderne de l'État que nous évoquions. De nombreux historiens et philosophes avancent l'hypothèse de son développement considérable au cours de notre siècle, en raison des génocides et autres

« crimes de masse ». Rudolph Rummel propose même de qualifier de « *democide* » l'ensemble de ces pratiques d'État responsables de la mort de millions de leurs citoyens : assassinats politiques ciblés contre des opposants, réels ou supposés, meurtres de masse indiscriminés et génocides [21].

Le second cas, très différent, se réfère aux États qui utilisent des groupes terroristes à des fins de politique extérieure, c'est-à-dire aux États sponsors ou parrains. Allan Dowes avance trois conditions d'émergence de ces pratiques : l'isolement diplomatique sur la scène internationale, une idéologie conquérante et « la nécessité de recourir à des relais organisationnels formellement indépendants de l'État [22] » que nous avons appelés les organisations-écran. Les attentats commis dans ce cadre sont de loin les plus meurtriers, la plupart opérant sous forme d'attentats aveugles (par exemple en France en 1986) ou d'explosions d'avions en vol. Ainsi celui de Lockerbie, commandité par la Libye, a provoqué la mort de deux cent cinquante-neuf passagers et de onze personnes sur le sol écossais, soit 40 % de l'ensemble des victimes du terrorisme international de l'année 1988. Cette catégorie donne lieu chaque année à l'établissement d'une liste par le département d'État américain qui entend ainsi désigner « les ennemis du monde libre », non sans arrière-pensées politiques. Sont aujourd'hui recensés comme tels la Libye, la Syrie, l'Iran, la Corée du Nord, Cuba, le Soudan. Ils s'exposent à des sanctions économiques (embargo contre le Soudan décrété en novembre 1996) et même militaires (raids aériens contre Tripoli en avril 1986) dont la légalité internationale n'est pas toujours acquise.

Nombre d'actes de terrorisme international 1979-1998

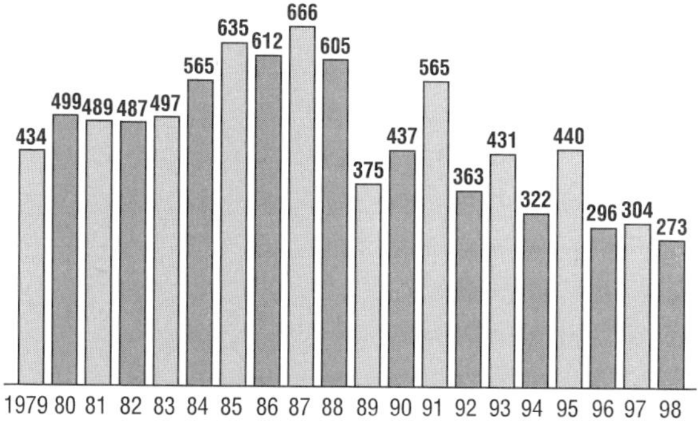

Nombre d'actes de terrorisme international
par zone géographique 1993-1998

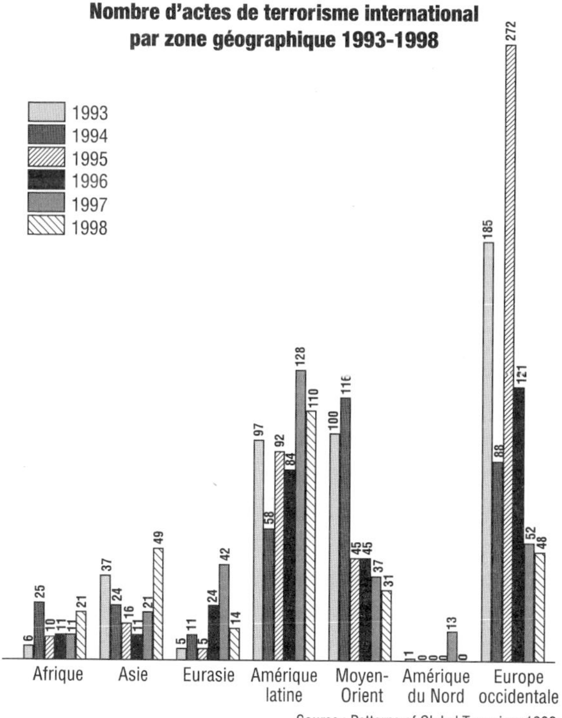

Source : Patterns of Global Terrorism 1998
http://www.state.gov/global/terrorism

DOM

INOS

UN ESSAI

Enjeux
et impasses
d'un mot

Au terme de ce tour d'horizon des différents groupes terroristes, c'est leur diversité qui frappe au premier chef. Nous l'avons vu, le label* « terroriste » désigne tout à la fois une bande de quelques personnes, une armée irrégulière, une organisation structurée, hiérarchisée, compartimentée, un regroupement informel de « combattants » au commandement éclaté, un front de libération nationale, un mouvement révolutionnaire, un radicalisme religieux, une organisation secrète dont l'objectif comme la direction restent dans l'ombre, etc. L'hétérogénéité est plus grande encore si l'on considère leurs modes d'action. Hormis le qualificatif qui leur est apposé de l'extérieur, qu'ont en commun tous ces groupes ? Le recours à la violence à des fins politiques vient évidemment à l'esprit. La clandestinité également. Mais bien d'autres organisations s'en prévalent, sans pour autant connaître le stigmate qu'implique le qualificatif « terroriste ». Au contraire, elles jouissent souvent de l'appellation, noble celle-là, de « guérilla ». Il est clair que les mots ont le pouvoir de susciter l'admiration ou la désapprobation, particulièrement dans le domaine de la violence collective où ils induisent un jugement quant à la légitimité de l'autorité politique, légitimité qui est au cœur de la relation gouvernés/gouvernants. En cela, ils participent directement à la construction de la réalité. Dans un rapport de force politique, les luttes autour du pouvoir de désignation sont par conséquent de bonne guerre si tant est, comme le remarquait le sociologue Anselm Strauss, qu'« un nom est un vase dans lequel celui qui nomme verse ses évaluations conscientes ou inconscientes [23]. »

C'est en vertu de ce principe que tout étudiant en sciences sociales est d'emblée mis en garde contre les préjugés, et invité à leur substituer une définition rigoureuse qui permette d'échapper à l'arbitraire des émotions et à l'évanescence des impressions. De toute évidence, le terme « terrorisme » ne répond à aucun de ces deux impératifs qui garantissent la neutralité axiologique du chercheur. Il est à l'inverse éminemment polémique et passionnel. D'où la multiplicité de ses définitions et leur caractère parfois contradictoire. Peut-on, dans ces conditions, l'ériger en concept ? Nous nous y refusons, au risque de la mise au ban déjà évoquée par deux auteurs pionniers de ce type de réflexion épistémologique* : « Le terrorisme est en effet considéré [...] comme un corps étranger, une perversion, un fléau à éliminer à tout prix. Il n'est donc pas un simple objet de rhétorique : il faut avant tout le combattre. Refuser de se placer sur le terrain de l'affrontement, c'est se désigner comme "franc-tireur social", être immédiatement soupçonné de faire le jeu de l'adversaire et de brouiller volontairement les pistes [24]. »

Loin de nous, toutefois, l'idée d'occulter les faits. Lorsque le chercheur reprend à son compte un label qui est le produit d'une situation donnée et exerce en retour des effets, il participe malgré lui au fait social qu'il est censé observer avec neutralité en se prêtant à la confusion des genres. D'un autre côté, on ne peut nier, sous prétexte de déconstruire* les mécanismes qui donnent naissance au stigmate « terrorisme », qu'il existe des modes d'exercice de la violence ayant pour objectif spécifique de semer la terreur. Le relativisme absolu reviendrait, en ce domaine comme en d'autres, à paralyser toute réflexion nouvelle. Mais il est impératif de distinguer deux plans de l'analyse : d'un côté, les processus qui concourent à l'apposition du label vis-à-vis duquel le chercheur se doit de garder ses distances, de l'autre, un cadre d'analyse permettant d'éclairer ce type particulier de violence.

À la recherche d'une impossible définition

Peut-on penser un phénomène dans les termes employés par les parties prenantes du problème ? La question est inhérente à toute démarche en sciences sociales, qui ont le handicap de recourir au vocabulaire courant. Mais il est redoublé s'agissant d'un terme aussi lourdement connoté que le terrorisme. Parce qu'il est polémique, polysémique, « dissensuel », sa définition « savante » a donné lieu à une profusion de propositions et occasionné bien des débats, au final assez vains. De façon significative, cette définition scientifique rejoint fréquemment l'opinion commune véhiculée par les dictionnaires ou le point de vue pratique des professionnels de la répression. Au gré de la conjoncture, et par un effet de mode non négligeable, plusieurs pistes ont été successivement privilégiées, qui mettent l'accent sur la fin poursuivie par cette violence, les moyens mobilisés ou les conséquences recherchées. Toutes sont porteuses d'une interprétation particulière mais également dépréciative du phénomène. Suivant que l'on choisisse l'une ou l'autre, une même organisation clandestine sera ou ne sera pas stigmatisée comme « terroriste ». En somme, plutôt que d'éclairer le problème, ces définitions ont contribué à l'obscurcir. Ainsi peut-on « prédire, sans risque d'être démenti que les discussions au sujet d'une définition complète, détaillée du terrorisme continueront pendant longtemps, qu'elles n'aboutiront pas à un consensus et qu'elles n'apporteront pas une contribution notable à la compréhension du terrorisme [25] ». Juste remarque de Walter Laqueur, pourtant non suivie d'effets…

La fin

La définition de base dit simplement du terrorisme qu'il est une violence à finalités politiques. Pour Walter Laqueur, par exemple, il s'agit de « l'usage d'une violence masquée par un groupe à des fins politiques et dirigée contre un gouvernement, un autre groupe ethnique, des classes ou des partis [26] ». C'est également le choix opéré par les dictionnaires, avec toutefois des implications différentes. Lorsque le *Robert* fait du terrorisme l'« emploi systématique de la violence pour atteindre un but politique », il insiste sur le caractère méthodique et répétitif de cette violence. Le *Petit Larousse*, en revanche, met l'accent sur l'identité présumée de ses auteurs, puisqu'il s'agirait de l'« ensemble d'actes de violence commis par des groupements révolutionnaires ». Il est en cela plus conforme à l'évolution générale des idées qui tend à faire du terrorisme une violence « d'en bas », contestataire. Il avance aussi une proposition datée qui est démentie dès lors que le contexte change avec la disparition tendancielle de la cause révolutionnaire.

Il va sans dire qu'une telle définition n'a rien de satisfaisant car elle aboutit à une totale confusion entre terrorisme et violence politique. À la suivre, relèveraient de la même catégorie attentats, assassinats, enlèvements, mais aussi, pourquoi pas, manifestations dès lors qu'elles dégénèrent. Un parti pris équivalent se retrouve dans la liste établie chaque année par le département d'État américain (les *Patterns of Global Terrorism*) qui recense comme terroristes toutes les entreprises de contestation violente de l'État en place. À ce niveau de généralité, la perspective a une forte connotation morale et idéologique ; elle correspond à une condamnation absolue de n'importe quelle forme de rébellion contre l'ordre établi. Du reste, le FBI ne s'embarrasse pas des circonlocutions d'usage : pour lui, le terrorisme n'est rien d'autre qu'un « usage illégal de la force ».

Les moyens

En réaction à ce type de définitions, d'autres chercheurs se sont employés à énumérer les actes qui seraient constitutifs du terrorisme : prises d'otages, détournements d'avions, attentats contre les biens et les personnes. Ils se fondent notamment sur des données statistiques qui montrent la fréquence écrasante de ce type de méthodes dans des affaires labellisées comme terroristes – à la charnière des années 80-90, bombes et fusillades représentaient entre 65 % et 75 % de l'ensemble des « incidents terroristes » [27] –, sans se préoccuper du caractère tautologique de la démarche. De telles définitions sombrent dans l'excès de formalisme et n'expliquent pas le fait que ces actes peuvent caractériser d'autres types de violences : la prise d'otages accompagne fréquemment un braquage de banque pour couvrir la fuite des cambrioleurs ; le piratage aérien a parfois été utilisé par de simples particuliers pour forcer les portes de l'asile politique dans un pays tiers, voire simplement par confusion mentale. Quant à la catégorie « attentats contre les biens et les personnes » sans précision ni du contexte ni de la victime, elle est à la base des définitions les plus communes de la violence collective, qu'elle soit sociale, politique ou criminelle. Même l'assassinat d'une personnalité politique a un écho différent selon l'identité de l'auteur, de la victime, mais aussi selon la conjoncture (temps de paix ou situation de guerre, démocratie ou dictature, etc.). On le voit, la matérialité d'une action ne préjuge en rien de l'essentiel : sa perception par les tiers qui est, là aussi, une évaluation.

Par leur formalisme même, ces approches rejoignent les définitions juridiques, par exemple celle du code pénal dont l'article 421-1 établit la liste des infractions terroristes : « 1. les atteintes volontaires à la vie et à l'intégrité de la personne, l'enlèvement et la séquestration, le détournement d'aéronef, de navire, ou de tout autre moyen de transport; 2. les vols, les extorsions, les destructions, dégradations et détériorations ainsi que les infractions en matière informatique; 3. la fabrication ou la détention de machines, engins meurtriers ou explosifs; la production, la vente ou l'exportation de substances explosives; l'acquisition, la détention, le transport ou le port illégitime de substances explosives ou d'engins fabriqués à l'aide desdites substances; la détention, le port et le transport d'armes et de munitions; la mise au point, la détention, la fabrication, le stockage, l'acquisition et la cession d'armes biologiques ou à base de toxines; 4. le fait d'introduire dans l'atmosphère, sur le sol, dans le sous-sol ou dans les eaux, y compris celles de la mer territoriale, une substance de nature à mettre en péril la santé de l'homme ou des animaux, ou le milieu naturel » (article 421-2). Le code pénal prend toutefois soin de préciser que ces infractions sont liées à « une entreprise individuelle ou collective ayant pour but de troubler gravement l'ordre public par l'intimidation ou la terreur ».

Les effets

L'idée s'est en effet rapidement imposée selon laquelle aucune action violente n'est en soi ni exclusive ni révélatrice de la démarche terroriste. Ce qui ferait sa spécificité résiderait dans les objectifs qui lui sont assignés : il s'agirait de susciter la terreur. À en rester là, on frôle, ici aussi, la tautologie. C'est pourquoi la plupart des auteurs se sont penchés sur une série de conditions qu'un acte donné devrait remplir pour être qualifié de terroriste. Ainsi, d'après le psychosociologue Friedrich Hacker, la menace permanente que fait peser le terrorisme sur tout un chacun suppose le caractère arbitraire du choix des victimes, l'imprévisibilité des actions, la propagande et la publicité, la forme théâtrale de l'agression, l'auto-idéalisation et la condamnation d'autrui. On retrouve une perspective similaire chez le politiste Paul Wilkinson : si le terrorisme est un mode particulier de violence qui repose sur la menace et la peur, c'est au prix de trois conditions – son caractère systématique, le recours à des actes ou des menaces d'une exceptionnelle violence qui ont non seulement des effets sur leurs victimes immédiates, mais aussi sur l'opinion nationale et internationale [28].

Implicitement, ces définitions font leur la remarque de Raymond Aron : « Une action violente est dénommée terroriste lorsque ses effets psychologiques sont hors de proportion avec ses résultats purement physiques [29]. » Au travers de ces actions, l'objectif consisterait à désarticuler la société, à paralyser toute riposte et même toute réaction. Pourtant, on peut considérer que tout acte d'agression, y compris dans les guerres conventionnelles, intègre une dimension de peur. Le politiste Ariel Merari donne à ce titre l'exemple du largage de bombes atomiques sur les villes japonaises d'Hiroshima et de Nagasaki qui n'avait pas d'autre but [30].

En résumé : le terrorisme ignore les lois et conventions de la guerre; il s'attaque aux civils; il est toujours indiscriminé et arbitraire en vertu de la disjonction qu'il opère entre victimes et cible. Ce sont là les caractères les plus communément admis aujourd'hui, comme en témoignent les résultats de l'analyse de quelque cent neuf définitions du terrorisme recensées en 1983 (!). Sur trente-deux critères, six remportent les suffrages : 1. violence ou force sont utilisées selon 83,5 % des définitions; 2. politique (65 %); 3. peur ou terreur (51 %); 4. menace (47 %); 5. effets psychologiques et réactions anticipées (41,5 %); 6. différenciation entre victimes et cibles (37,5 %). Le caractère arbitraire et l'attaque de non-combattants n'arrivent respectivement qu'en douxième et treizième positions (21 % et 17,5 % des définitions) [31]… La multiplicité de critères est révélatrice de la difficulté à sérier le phénomène autrement qu'au cas par cas. Pris isolément mais avec l'ambition d'être applicable systématiquement, chacun d'entre eux peut aboutir à des conclusions absurdes du type : « Tuer un soldat armé au cours d'une occupation militaire n'est pas du terrorisme alors que l'est le bombardement du cabinet civil qui a ordonné l'occupation [32]. » Dans le même ordre d'idées, où classer les actes de violence déployés contre des colonies de peuplement composées de femmes et d'enfants ?

En raison de la charge émotionnelle attachée au terme terrorisme, les auteurs ont souvent tendance à construire leur définition à l'aune de critères d'inhumanité ou de barbarie qui reflètent avant tout leur propre échelle de valeurs, même si l'absence de voix discordante tend à les faire passer pour universels. La perspective éthique paraît, en ce domaine, indépassable. De là, sans doute, le travers fréquent qui consiste à appliquer le stigmate terroriste à toute entreprise violente qui ne reçoit pas l'assentiment moral et/ou idéologique du chercheur.

L'inversion ou le manque

Dans ce panorama général des analyses sur le terrorisme, une place particulière est occupée par Michel Wieviorka, qui développe un point de vue original. Selon lui, le terrorisme est une « forme extrême et décomposée d'antimouvement social [33] », une violence qui s'emballe au nom d'un conflit-référence avec lequel l'avant-garde autoproclamée n'entretient qu'une relation artificielle. Il procède d'une logique d'inversion qui amène des individus d'une part à s'identifier à un groupe social mythifié (la Classe Ouvrière, Notre Peuple, etc.), d'autre part à s'y substituer de manière volontariste pour forcer le cours, selon eux nécessaire, de l'histoire par la propagande armée ou la radicalisation du combat.

Ce modèle a le mérite de se pencher sur les relations entretenues entre un groupe social et une minorité qui prétend lutter violemment en son nom. Il invite également à réfléchir aux dynamiques qui conduisent souvent des militants clandestins à rompre avec la réalité et à s'enfermer dans une logique de guerre de plus en plus contre-productive. L'attention qu'il porte à l'organisation le conduit toutefois à négliger d'autres variables de radicalisation, exogènes, en particulier l'influence de l'État sur l'évolution de la contestation. En outre, et surtout, l'application de son modèle est d'un maniement délicat. Implicitement, Michel Wieviorka met la question de la légitimité au cœur de son analyse : le soutien du groupe de référence équivaudrait en quelque sorte à une onction qui pare l'action du noble adjectif de « révolutionnaire », et son défaut à une excommunication qui la fait chuter dans la catégorie moins noble de « violence politique », voire dans celle franchement repoussante de « terrorisme », sur le principe que tout mouvement social comporte « une face de lumière et une force d'ombre [34] ». Passons sur le populisme mâtiné de religiosité de la thèse (le combat entre le bien et le mal est entre les mains du peuple, par définition infaillible).

Quels indicateurs objectifs le chercheur peut-il mobiliser pour déterminer le degré de complicité qui unit (ou non) le groupe de référence à sa soi-disant avant-garde ? Parler de soutien ne renvoie à rien de tangible. Des paysans latino-américains peuvent nourrir des rebelles par peur ou par un intérêt étranger à la cause que ceux-ci défendent (pour se protéger par exemple des groupes paramilitaires en Colombie). L'*omertà* dont profitent les hors-la-loi de sociétés méditerranéennes ne vaut pas forcément approbation. Des élections libres (mais elles sont rares) pourraient constituer un test de la popularité d'un mouvement contestataire. Il est loisible d'estimer par exemple que les progrès du Sinn Fein, passant de moins de 5 % des suffrages à plus de 15 % depuis qu'il s'est engagé en faveur du processus de paix, l'encouragent sur cette voie. Mais on peut tout autant trouver le score bien faible pour le bras politique d'une organisation (l'IRA) qui se dit depuis trente ans le défenseur de la communauté catholique. L'interprétation des résultats du bloc nationaliste aux élections régionales de Corse est tout autant sujette à variations. Mais que l'on juge décevants ou mirifiques les quelque 25 % de voix en sa faveur n'autorise pas à faire du quart des votants des partisans de la lutte armée indépendantiste.

En l'absence d'éléments de preuve indiscutables, Michel Wieviorka s'autorise des appréciations qui n'engagent que sa propre affectivité, telles : « La violence d'ETA, dans l'ensemble [!], n'est pas sociologiquement terroriste [35]. » Quand bien même elle ne soulèverait pas de problème méthodologique, cette variable seule pose plus de questions qu'elle n'en résout. En toute logique, la « dérive terroriste » devrait toucher en priorité ceux dont la stratégie de propagande armée s'avère le plus rapidement, et sans ambiguïté, infructueuse auprès de la population visée. Si l'on prend l'exemple des situations respectives de l'extrême gauche française et italienne aux lendemains de 1968, la chose devrait donc être entendue : la France aurait dû connaître « les années de plomb » évoquées plus haut car, de toute évidence, les gauchistes y étaient très éloignés de la classe ouvrière. Et l'Italie, quant à elle, aurait dû y échapper au vu notamment de l'importance des conflits au sein des usines et du relatif succès de recrutement des organisations armées auprès des ouvriers de l'industrie (environ 40 % des militants). Mais l'histoire réelle est souvent rétive aux modèles théoriquement bien construits… Michel Wieviorka semble en effet avoir oublié que la légitimité d'une organisation clandestine à représenter un groupe de référence est rarement établie de façon nette. Elle constitue au contraire l'un des enjeux du bras de fer symbolique qui oppose l'organisation à l'État, lequel lui refuse systématiquement cette prétention à parler au nom d'une population donnée.

La construction terroriste

Les contradictions dans lesquelles s'empêtrent les chercheurs de définition proviennent simplement de leur volonté d'« essentialiser », et par conséquent de figer, un terme dont les caractéristiques principales tiennent à l'inverse à sa variabilité. L'apposition du label résulte en effet d'un ensemble complexe de facteurs chaque fois singulier et lui-même changeant, ce qui entraîne deux corollaires. D'une part, cette catégorisation est soumise à des fluctuations aussi bien dans l'espace que dans l'histoire. D'autre part, elle engage le groupe ainsi désigné dans une carrière spécifique qu'il lui faut gérer. En somme, il s'agit d'abord d'un révélateur (au sens photographique), lequel, en retour, modifie profondément le groupe qu'il désigne.

L'arme des mots

Bourreaux ou victimes ?

L'étiquette « terroriste » jette l'anathème. Elle renvoie à l'inacceptable, l'illégitime, voire l'inhumain. Les « terroristes » ne s'y trompent pas qui s'emploient – à de très rares exceptions près [36] – à la rejeter systématiquement pour l'accoler à ceux qui les en affublent sur le mode du retour à l'envoyeur. Ainsi le fondateur des Brigades rouges, Renato Curcio, explique-t-il qu'« en Italie le terrorisme à des fins politiques a été pratiqué par les autres. Par ceux qui, par exemple, ont mis les bombes de la *piazza Fontana* (1969), de la *piazza della Loggia* (1974), sur les trains ou à la gare de Bologne (1980), etc. […] En ce sens, je crois que l'on peut dire qu'en Italie le terrorisme des années 70 a été le fruit d'une greffe entre la culture fasciste jamais vaincue et certains appareils d'État [37] ».

Au travers de la joute verbale se pose la question insoluble de la violence fondatrice. Car aujourd'hui, seule une contre-violence qui s'assigne comme objectif de mettre fin à une violence première peut espérer se légitimer aux yeux d'autrui (phénomène que traduit parfaitement l'expression « légitime défense »). D'où l'exercice presque convenu de justification de sa propre violence par la dénonciation de celle d'autrui, réputée antérieure mais aussi majeure. Celui que le pouvoir fait passer pour un bourreau se présente ainsi comme une victime qui s'arroge le rôle de justicier. Ce combat discursif des deux violences se retrouve également à l'échelon interétatique : si la Libye de

Kadhafi est soumise à bombardements et embargo pour « terrorisme » par les États-Unis, elle ne se prive pas de les traiter de même (sans toutefois avoir la capacité de leur imposer des mesures de rétorsion symétriques), comme en son temps l'Iran de Khomeiny. Dans un autre registre, le rejet du stigmate peut s'exprimer, non plus par la thématique de la « victimisation », mais par la revendication d'une filiation à un précepte d'ordre moral partagé par l'ensemble de la société et que ne suivrait pas le pouvoir censé s'y conformer. Ainsi peut-on lire sur les murs d'Alger : « Si le Djihad, c'est le terrorisme, alors nous sommes des terroristes. » Le conflit de légitimité est alors maximal.

Tout groupe armé aime se poser en héritier d'une tradition de résistance séculairement défendue sous des appellations diverses : tyrannicide, résistance à l'oppression, anticolonialisme, etc. Il lui arrive aussi de s'enorgueillir de partager une infamie que connurent d'illustres prédécesseurs aujourd'hui au-dessus de tout soupçon : partisans sous l'Occupation ou combattants de l'apartheid. L'ensemble de ces procédés rhétoriques, fondés sur le principe selon lequel « le terroriste des uns est le combattant de la liberté des autres », contient implicitement une dénonciation de l'autre. Cependant, il est douteux que les contestataires aient le dessus à ce jeu des accusations croisées car leur ennemi étatique dispose, en plus du monopole de la violence légitime, de celui du discours légitime, lequel n'est altérable qu'à la marge. En démocratie, l'efficacité de l'opération de labelling signe en partie l'échec politique des organisations clandestines. On voit alors combien le groupe engagé dans la carrière terroriste est fortement contraint, dans ses actions, par l'étiquette apposée.

Souvent, il réagit de deux manières. D'abord en lançant des défis qui n'ont d'autres fins que de forcer le pouvoir à se déjuger, c'est-à-dire à le reconnaître comme un interlocuteur politique valable. Tel est l'objectif poursuivi au travers des prises d'otages, les ravisseurs exigeant que les militants incarcérés soient regroupés et qualifiés de prisonniers politiques, ou que les médias (télévisés) passent un message, comme si la notoriété médiatique mettait momentanément de côté la question de la légitimité. En cas d'échec, l'organisation peut ensuite prendre la responsabilité de sacrifier une partie de ses forces soit dans des opérations suicidaires, soit dans un heurt frontal avec l'État selon la stratégie ultime du martyr. Ce faisant, elle participe à son propre échec. D'une part parce qu'avec de telles actions elle perd de vue son souci premier de propagande auprès de la population de référence et prend le risque de suivre une voie indéchiffrable par les tiers. L'inflexion tactique entraîne d'ailleurs fréquemment des dissensions internes qui se soldent par des scissions. D'autre part parce qu'elle se conforme ainsi à l'image négative qui lui est renvoyée de l'extérieur, suivant le mécanisme bien connu en sociologie de prophétie autocréatrice. Par le pouvoir magique mais aussi démiurgique des mots, l'organisation est devenue ce qu'elle était censée être dès l'origine : une secte politique engagée dans une guerre privée et suicidaire avec l'État dont les ressorts strictement politiques (au sens de projet collectif) se sont perdus en cours de route.

Une guerre des images

L'efficacité politique du terme « terrorisme » ne s'épuise pas dans les contraintes d'ordre stratégique désastreuses qu'il fait souvent peser sur le groupe. Elle se mesure aussi aux effets également ravageurs qu'il entraîne sur le terrain des représentations. Le mot renvoie déjà en lui-même une image réductrice et négative du phénomène qu'il désigne. Mais en période de crise, le processus de labelling s'accompagne souvent d'une entreprise de mobilisation générale qui vient en renforcer plus encore les connotations dépréciatives. C'est à ce stade qu'interviennent médias et experts dans la construction terroriste.

La plupart des interventions d'« experts » sur la question, commandées par l'actualité, se laissent emporter par des interprétations pour le moins rapides qui se préoccupent pour l'essentiel de dresser le portrait-robot du terroriste : un intellectuel petit-bourgeois en situation de frustration du fait de sa médiocrité et souffrant de troubles psychiques divers (conflit œdipien, paranoïa, schizophrénie, perversité, etc.). Les connotations sexuelles et/ou sexistes sont fréquentes : telle femme se vengerait des hommes ou rejetterait sa féminité par le recours à la violence, tel militant compenserait une insuffisance physique par le surinvestissement phallique dans les armes… Il ne s'agit pas, bien sûr, de nier l'importance d'une étude sur les ressorts inconscients de l'engagement. Mais trop souvent, la petite histoire, voire l'imagination, tiennent lieu d'analyse tandis que sont gommés les motivations idéologiques, le contexte général d'émergence du groupe, etc.

L'entreprise de disqualification des terroristes passe par la mise en exergue d'une double indignité. Indignité politique, puisqu'ils se voient dénier toute prétention à se rattacher à la tradition du Mouvement ouvrier, de l'Islam ou autre. Pire, ils contribueraient même à saper la cause au nom de laquelle ils ont pris les armes. Indignité morale, attestée soit par des turpitudes ou troubles mentaux supposés, soit par un passé douteux, qui justifierait de son côté que l'on porte sur eux une évaluation strictement criminelle ou pathologique, mais sans doute pas politique.

Dans cette guerre des images, les initiatives que les terroristes prennent pour contrecarrer l'opération de stigmatisation élaborée à leur encontre ont souvent l'allure de gesticulations vaines, si ce n'est grotesques. Qui peut vraiment prendre au sérieux la demande des quatre fondateurs d'Action directe d'être traités en combattants ? Qui suivra l'avocat des fedayine palestiniens, Jacques Vergès, expliquant en 1969 que les détournements d'avions civils sont des « actes de guerre » contre des cibles militaires israéliennes ? On ne s'étonnera pas que, dans ces circonstances, c'est le plus souvent sur le terrain du symbolique, et non du militaire, que se clôt le bras de fer entre l'État et ses ennemis, dans le drame shakespearien ou, plus rarement, dans le vaudeville.

L'idéologie comme l'organisation même du groupe rebelle se prêtent d'ailleurs aux coups symboliques mortels. Quand une grande partie de son prestige, mais aussi de la peur qu'il inspire, repose sur une exploitation à outrance du modèle militaire et du chef charismatique insaisissable, la photographie du leader du Sentier lumineux Abimaël

Guzman, dit « président Gonzalo », en pyjama dans une cour de prison (1992) peut avoir des effets dévastateurs. En dépit de son côté anecdotique, l'épisode a révélé l'intelligence politique du président péruvien Fujimori qui a joué des moyens modernes de communication pour monter une opération de démythification – aux effets bien plus sûrs que ne pouvait l'être une opération militaire – à destination de la population mais aussi des « sentiéristes ».

Les médias sont au cœur du dispositif. En raison de leur position d'interface entre les gouvernants et l'opinion publique, ils sont l'enjeu de toutes les stratégies. La représentation d'un attentat, en particulier par le canal télévisuel, renforce considérablement l'effroi suscité chez les tiers. Elle vient accomplir la disjonction entre les victimes et les cibles qui constitue le principe de base de l'action terroriste. Gérard Chaliand notait par exemple qu'à la suite du détournement de dix-sept jours d'un avion de la TWA en juin 1985, et malgré une probabilité infinitésimale de mourir à cause d'un attentat (1 pour 380000), « 1,8 million d'Américains avaient annulé un voyage à l'étranger » par ce moyen de transport [38]. Tout et son contraire a été dit quant aux effets de la mise en scène médiatique de la violence. Elle aurait un effet de banalisation ou de dramatisation. Elle inhiberait le passage à l'acte ou, à l'inverse, le favoriserait. Contre la thèse souvent défendue de la connivence coupable des journalistes avec les terroristes, on peut opposer le résultat de plusieurs analyses américaines de contenu des articles de presse consacrés à la question. 70 % d'entre eux ne mentionnent ni la cause ni les objectifs de l'action. Radios et télévisions ont tendance à présenter les terroristes comme des déséquilibrés, ainsi qu'à légitimer une riposte violente à leur encontre [39]. Les médias exercent ainsi clairement un contrôle social* en contribuant à leur niveau à amalgamer et condamner toutes les formes de violence.

Une infraction politique disqualifiée

Le tribunal de l'Histoire

On voit combien la construction du stigmate relève de la guerre psychologique. Tuer le mythe du combattant, tel est l'objectif. Le but est atteint sous certaines conditions historiques, mais jamais définitivement acquis pour l'Histoire. Si la remarque n'était immédiatement soupçonnée de complaisance, voire de complicité, avec les « terroristes » du moment, il serait banal de rappeler que l'étiquette terroriste fonctionne comme un stigmate qui déséquilibre plus encore un rapport de force politique déjà défavorable. Mais cette étroite dépendance au contexte politique explique aussi le caractère réversible de l'étiquette. La carrière de Menahem Begin est symptomatique en soi des fluctuations qui président à l'appréciation normative du recours à la violence. Commandant de l'Irgoun – organisation qualifiée à l'époque de terroriste par les Britanniques et objectivement responsable d'actions des plus sanglantes comme le massacre du village de Deir Yassin – il sera nommé Premier ministre d'Israël en 1977 et, à ce titre, interlocuteur politique légitime des mêmes Britanniques ; on lui décernera enfin le prix Nobel de la paix avec Anouar El Sadate à la suite des accords de Camp David en 1978.

Yasser Arafat se trouve dans un cas de figure similaire : fondateur du Fath en 1959, président de l'OLP à compter de 1969 et, comme tel, « terroriste numéro un » du monde entier, il devient prix Nobel de la paix en 1994 et est aujourd'hui responsable de l'entité palestinienne. Même retournement de l'histoire pour Nelson Mandela. Les exemples ne manquent pas de ces hommes qui ont vécu (et subi) le déclassement de leur combat en terrorisme, avant de recouvrer une virginité politique, ou que l'évolution politique de leur pays a transformé de bourreaux en victimes, de rebelles en chefs d'État. Plus rarement, l'ironie de l'Histoire fait d'un « combattant de la liberté » d'un jour l'ennemi public du lendemain, comme l'ont expérimenté les États-Unis avec les talibans afghans, hier alliés à armer contre le « mal soviétique », aujourd'hui ennemis à combattre.

Bien des luttes qui, avec le recul du temps, paraissent au plus grand nombre justes et légitimes sont, à un moment ou à un autre, passées par des actions relevant du terrorisme. C'est le cas du FLN algérien lorsqu'il lance, en septembre 1956, deux bombes en plein cœur d'Alger : l'une au marché central à une heure d'affluence fera trois morts et quarante-six blessés, l'autre par voitures piégées se solde par dix victimes. On pourrait formuler la

« loi » générale suivante : les groupes armés qui, leur expérience conclue, restent « terroristes », sont ceux qui ont échoué. Pour les vainqueurs, en revanche, l'Histoire s'empressera d'oublier leur recours au « terrorisme » et ne retiendra que la « guérilla », la « lutte de libération nationale », etc. Tenir un tel propos ne revient pas à absoudre les responsables de toute forme de violence : un tyrannicide restera toujours un tyrannicide, même si le jugement moral porté sur son acte variera d'un individu à l'autre, d'une période à une autre. Rien de tel pour le « terrorisme ». Pour dérangeants qu'ils soient aux yeux de quelques-uns, ces constats ne font que souligner la dimension historiquement, culturellement, socialement, politiquement construite d'un terme que beaucoup voudraient faire passer pour concept.

Le point de vue occidental

Prisme également significatif : la façon dont sont jaugées de l'Occident les violences qui touchent les autres pays. Vues d'ici, elles se ramèneraient tendanciellement à deux cas de figure : 1. celles qui fonctionnent à l'économie de violence (du moins pour ce que nous en savons) sont peu ou prou taxées de (justes) rébellions ou guérillas ; 2. les violences déchaînées de type massacres renvoient quant à elles à la barbarie, au même titre que les violences d'État dont elles sont souvent considérées comme le pendant. L'emploi du terme terrorisme, parfois utilisé sur le registre de la disqualification par le pouvoir politique qui en est victime, n'est généralement pas repris, sauf entre guillemets ou si le groupe terroriste est soupçonné de servir l'État.

Tel est le traitement fait, par exemple, aux allégations de terrorisme caucasien qui émanent de l'entourage de Boris Eltsine durant l'été 1999, imputations que les gouvernements européens semblent peu empressés de reprendre. Il importe moins de savoir si le terrorisme existe comme fait objectif dans un régime autoritaire que de remarquer que, du point de vue occidental, la question ne se pose guère en dehors du cercle extrêmement restreint des chercheurs de définitions. La raison en est simple : dès lors que le « terrorisme » désigne une rébellion illégitime, il ne saurait toucher que les pays démocratiques. En ce sens, son occurrence à propos de violences qui affectent un régime donné constitue en soi un bon indicateur de la légitimité internationale qui lui est ou non accordée. Le terrorisme comme instrument des relations interétatiques ne se fait pas à sens unique, *i.e.* des pays du sud contre les pays du nord. Il peut certes être un substitut de la guerre. Mais il peut aussi constituer une arme rhétorique de mise au ban symbolique d'un pays.

La construction de la menace terroriste

C'est avec des outils d'analyse équivalents que la construction de la menace terroriste doit être décodée plutôt qu'acceptée comme la stricte description d'un état de fait. Depuis les années 70, plusieurs « figures du démon » se sont succédé : « ennemi intérieur » rouge, « fil » ou « Internationale » rouge, « euroterrorisme », « fil vert », « islamisme ». Les unes ont irrémédiablement chassé les autres, focalisant toutes les attentions et les inquiétudes du moment. Évidemment, pour que le risque soit crédible, encore faut-il que quelques éléments objectifs viennent le fonder. Mais par la sélection de l'information, sa mise en scène et son éclairage particulier, il n'est pas si difficile de faire d'un ou de deux attentats la preuve d'un complot ourdi à grande échelle, ni d'interpréter telle action comme relevant tantôt de l'indépendantisme, tantôt du fanatisme religieux voire, pourquoi pas, en faire le signal d'une nouvelle guerre de religion.

La construction de la menace islamiste illustre bien ce phénomène. Il y a sans aucun doute, à compter de la révolution iranienne, des actions violentes conduites par des radicaux. Mais c'est aussi parce que cette empreinte islamiste a « pris » dans les pays occidentaux au point d'être érigée en menace « numéro un » pour notre civilisation (rien de moins) que son potentiel contestataire a été démultiplié dans le monde arabo-musulman.

Dans une autre configuration, un acte aujourd'hui qualifié d'islamiste aurait pu être lu au travers d'une grille d'analyse anti-impérialiste ou insurrectionnelle. La représentation guerrière de l'islam, tout en plongeant ses racines dans l'époque médiévale, renaît dans les années 80 sous l'influence de multiples facteurs : visibilité accrue de la pratique religieuse, surgissement de l'islam comme force de contestation à la fois sur la scène internationale et sur la scène intérieure des pays arabo-musulmans, etc. Elle tient également au télescopage entre un événement politique aussi inattendu que spectaculaire – l'implosion du bloc de l'Est – et la « saillance » nouvelle de thèmes tels que l'identité ou la culture, qui explique l'écho rencontré par la thèse d'Huntington sur « le choc des civilisations ». On trouvait déjà une configuration similaire dans l'interprétation de l'orchestration du terrorisme par les pays de l'Est, en vogue au début de la décennie 1980. La thèse du complot fut lancée par l'ouvrage d'une journaliste américaine intitulé *Le Réseau de la terreur*[40], qui connut un grand succès éditorial en cette période de refroidissement des relations Est-Ouest. La fin du monde bipolaire quelques années plus tard prive brutalement les pays occidentaux de leur adversaire traditionnel. Avec elle, s'effondre une grille de lecture facile des relations internationales, mais aussi une « table d'orientation » essentielle aux services de renseignement et savoir-faire policiers. En effet, pour toute société, l'ennemi est structurant et donc nécessaire. Sa disparition crée un vide qui demande immédiatement à être comblé. Didier Bigo a d'ailleurs montré combien la collaboration policière à l'échelle européenne s'est appuyée sur la mise en exergue des menaces successives de l'euroterrorisme dans les années 1984-1985, puis de la « menace orientale des États terroristes », enfin des organisations mafieuses[41].

Dans cette construction, les experts anglo-saxons ont joué un rôle central. D'abord par la logique même de « mise en agenda », c'est-à-dire d'inscription à l'ordre du jour des préoccupations des pouvoirs publics, à laquelle participent leurs multiples interventions médiatiques sur le sujet. Mais aussi pour des raisons plus prosaïques qui tiennent au financement de la recherche. Beaucoup, en particulier outre-Atlantique, vivent des commandes des ministères (voire, dans une moindre mesure, des entreprises) qui, par le biais des appels d'offres, orientent notablement les études en fonction des préoccupations de politiques publiques. Par le fait même d'exister et de connaître un accroissement, ces recherches donnent corps à la menace. Elles la rendent tangible, participent à sa diffusion et à sa dramatisation, amplifiées par l'écho médiatique qu'elles reçoivent. C'est ainsi, par exemple, qu'on assiste aux États-Unis, au cours de la dernière décennie, au développement considérable des recherches sur les armes biologiques, mais aussi à des accès de panique périodiques. Il faut y voir une suite surprenante de la guerre du Golfe qui a éveillé la peur d'un terrorisme de destruction massive manipulé par le président irakien Saddam Hussein. Il arrive enfin que les chercheurs glissent dans leurs conclusions des considérations politiques qui servent, le plus souvent, les intérêts de leur gouvernement. Ainsi, en plein débat sur l'accord Schengen, les Britanniques Wilkinson et Clutterbuck publiaient des ouvrages où, par le biais de l'équation immigrés = menaces (terroriste comme mafieuse), ils mettaient en garde contre le danger de l'ouverture des frontières [42].

C'est pourquoi il est salutaire de dénoncer l'emploi pseudo-scientifique qui est fait du mot. Derrière lui se profilent en effet une conception et une utilisation de la recherche éminemment douteuses. La définition de Paul Wilkinson, par exemple, est celle sur laquelle repose le groupe de travail de l'OTAN chargé de la question terroriste. Évidemment, aucun scientifique ne peut être tenu pour responsable de l'usage social qui est fait de ses recherches. Une réflexion épistémologique et déontologique s'impose en revanche pour les spécialistes (et ils sont nombreux) qui assignent explicitement à leurs travaux la charge de participer à la lutte antiterroriste sans prendre la précaution de distinguer ce qui relève de leur « métier » de ce qui ressortit à leur engagement politique. Cette confusion volontaire des genres est d'autant plus dommageable qu'elle vient renforcer le problème méthodologique déjà épineux des sources, dans un domaine où les services de répression jouissent du quasi-monopole de la documentation, mais aussi de la diffusion discrétionnaire.

On pourrait même préciser que l'information provient presque exclusivement du département d'État américain dont on a déjà souligné qu'il classait sous le vocable « terrorisme » toutes les initiatives violentes dirigées contre les États. Or, depuis l'œuvre pionnière de l'historien américain Walter Laqueur, la grande majorité des spécialistes du terrorisme se range sous la bannière de la contre-insurrection* (*counterinsurgency*), doctrine militaire née durant la guerre froide dans l'objectif de lutter contre un ennemi intérieur. Ils partagent avec les services de renseignement et de répression anglo-saxons leurs sources comme leurs objectifs au sein de trois institutions hégémoniques sur la question : le Center for Political Violence and Terrorism dirigé par Paul Wilkinson à la faculté écossaise de Saint Andrews, la Rand Corporation de Bruce Hoffman à Washington et l'Institute for the Study of Conflict à Londres. Malheur à ceux qui mettent en doute le consensus entourant le terme de terrorisme : « Ce ne serait qu'un stratagème pour entraver la coopération des politiques de lutte contre le terrorisme [43] »!

Ce genre de productions se reconnaît aisément à son ton volontiers emphatique – « le terrorisme international est un affront à la civilisation [44] » – et prophétique [45], ainsi qu'à sa propension, déjà soulignée elle aussi, au sensationnalisme. Autant de traits qui les rapprochent du style journalistique, quand il est friand de « révélations » et de jugements à l'emporte-pièce. C'est ainsi que sortent régulièrement des ouvrages collectifs sous houlette (et caution) scientifique où s'enchaînent les articles d'« experts » universitaires, de journalistes spécialisés, d'acteurs de la sécurité. Là encore, il ne s'agit pas de pourfendre *a priori* les écrits à plusieurs mains, mais plutôt cette pratique qui consiste à ne rien entreprendre qui permettrait facilement au lecteur de savoir *qui* parle. Les mêmes experts autorisés sont invités par les médias à éclairer le phénomène par des rhétoriques bien huilées qui fonctionnent à l'identique quels que soient le groupe, l'événement ou le contexte. Aucune faille ne peut venir ébranler l'édifice. D'où le caractère circulaire des discours tenus au « grand public » sur la question terroriste.

Le point de vue juridique

Cette dimension idéologique du terme « terrorisme » est parfaitement traduite par le droit. C'est pourquoi l'accord juridico-politique sur la qualification s'effrite au fur et à mesure que l'on s'éloigne du cercle de la souveraineté étatique. L'ONU est un de ces lieux où le consensus sur la question est impossible pour des raisons qui tiennent à la fois à l'histoire – certains dirigeants du tiers-monde ont été désignés comme terroristes par les puissances coloniales qu'ils combattaient – et à l'usage présent de la dénonciation du terrorisme d'État. Les antagonismes entre États formellement égaux s'y manifestèrent avec éclat au sein du Comité spécial sur le terrorisme international mis en place sous le coup de l'actualité en décembre 1972. Alors qu'il s'agissait de s'accorder sur une définition commune du terrorisme à partir de laquelle s'ordonnanceraient les mesures concrètes de lutte, il apparut rapidement que les divergences d'appréciation étaient telles que l'objectif ne pouvait être atteint.

Deux blocs se dégageaient : celui des pays victimes du phénomène (les pays occidentaux et Israël pour l'essentiel), instigateurs de la rencontre, contre tous les autres, désireux de s'attacher aux causes du terrorisme. Il en résulta un compromis étrange : le constat d'une définition impossible, l'accent mis sur le terrorisme d'État, la réaffirmation du principe du droit à l'autodétermination que les pays du sud craignaient de voir menacé à travers la condamnation du terrorisme. Depuis, les rencontres internationales ont abandonné toute prétention englobante. Elles sont mues par des soucis pratiques et précis qui donnent peu de prise à une contestation explicite de la part d'un État (la protection de l'aviation civile, la prise d'otages, etc.). Les textes ont un contenu souvent vague ou extrêmement général. Beaucoup ne sont finalement pas ratifiés ou n'entrent jamais en vigueur. Bref, en ce domaine, le droit international est en carence. Reflet de positions plus homogènes, le droit européen est plus avancé depuis la Convention européenne pour la répression du terrorisme du 27 janvier 1977. Mais, là encore, l'énumération des infractions terroristes a prévalu sur la recherche d'une définition commune.

Comme souvent, c'est l'épreuve des faits qui vient trancher une question insoluble. L'extradition contraint régulièrement les États à se prononcer sur la qualification de violences commises dans un pays tiers dans la mesure où elle est traditionnellement refusée pour infraction politique mais requise pour terrorisme. Pour comprendre ce distinguo subtil, parfois source de tensions entre pays, il nous faut une nouvelle fois revenir à l'histoire du mot.

Avant que n'apparaisse dans le vocabulaire juridique le terme « terrorisme » au cours des années 30, c'est l'expression « infraction politique » qui prévaut, dans le souci de relever la motivation du criminel et de le distinguer du délinquant de droit commun, que ce soit à son préjudice ou, plus fréquemment après la Révolution française, à son avantage. Ce crédit accordé aux rebelles politiques connaît un premier coup d'arrêt en 1856 avec l'invention de la « clause d'attentat » qui refuse tout caractère politique aux attentats commis contre un chef d'État étranger ou sa famille. La vague anarchiste de la fin du siècle accélère la tendance à la dépolitisation juridique d'actes violents qui bénéficiaient de la distinction accordée aux infractions politiques. Et ce jusqu'à ce que, dans le vocabulaire juridique (interne, européen, international), plus rien ne distingue les violences de droit commun de celles qui sont inspirées par des motifs politiques.

En l'absence de définition du terrorisme, la charge de le distinguer de l'infraction politique, à l'occasion d'une demande d'extradition, revient le plus souvent à la jurisprudence. La doctrine, quant à elle, met généralement l'accent sur l'évaluation d'une disproportion entre le but poursuivi et les moyens d'y parvenir, qui serait constitutive du fait terroriste [46]. Évaluation en grande partie conditionnée par la nature démocratique du régime attaqué, même si l'appréciation obéit souvent à un principe simple de *realpolitik*.

La technologisation de la peur

S'il ne fait pas de doute que le terme « terrorisme » répond avant tout à un objectif politique de stigmatisation* de l'adversaire, n'existe-t-il pour autant aucune forme de violence qui ait une parenté étroite avec la terreur ? Certainement pas. Mais, pour dégager la spécificité du terrorisme, il est urgent de le réintégrer au préalable à la catégorie plus générale des violences collectives dans un regard historique d'cnsemble qui fait souvent défaut aux études exclusivement consacrées à ce type d'actions. Car, quelle que soit la définition retenue (ou refusée), il est clair que le « terrorisme » relève de la catégorie des violences politiques, sauf si l'on considère les actes d'un individu isolé, réalisés sans motivations politiques ou passés inaperçus.

Une violence politique

« Terrorisme » et violence subissent au siècle dernier une même révolution sémantique qui traduit l'évolution des rapports de forces politiques. Connotée positivement sous le régime de Robespierre, la Terreur verse dans l'anathème à la chute de celui-ci avec l'accolement du suffixe « isme ». Le glissement des valeurs sous-jacent à cette conversion est équivalent à celui qu'a connu le terme de « violence ». Tandis que ce mot désigne jusqu'à la fin du XVIIIe siècle un « caractère impétueux insoumis aux règles », il prend au siècle suivant son sens générique moderne d'atteinte à une norme pour désigner désormais toutes les formes de transgressions autrefois spécifiées (crime, sédition, rébellion, etc.) [47]. Il finit ensuite par ne plus désigner que la « violence-désordre », celle, légitime, de l'État, étant euphémisée sous le vocable de « force ». Il en est de même des termes « terreur » et « terrorisme » qui se sont dédoublés pour désigner un usage paroxystique de la violence d'État pour l'une, de la « violence-désordre » pour l'autre.

Définitions de la violence politique

On peut définir la violence politique de différents points de vue. Nous en dégagerons trois principaux qui ont en commun de partir d'un élément objectif : l'exercice d'une contrainte matérielle. Le plus répandu met l'accent sur la cible visée : sera considéré comme relevant de la violence politique tout acte qui frappe le régime politique ou l'un de ses représentants. L'assassinat d'une personnalité politique en constitue l'archétype ainsi que, le plus souvent, les actions de groupes révolutionnaires. Un autre regard privilégie l'intentionnalité stratégique de l'action. Une violence sera politique dès lors qu'elle est dirigée à des fins de changement politique au sens le plus large qui soit : inflexion de la politique étrangère, modification du territoire de juridiction, perspective insurrectionnelle. Une troisième approche considère comme politique tout acte de contrainte exerçant des effets dans le champ politique, indépendamment de son auteur, de ses motivations et de ses victimes. C'est celle qui laisse la plus largement ouverte la question du *labelling*, par laquelle une violence sera ou non érigée en violence politique, et ensuite spécifiée.

Quel que soit l'angle choisi, les actes et épisodes qualifiés de terroristes relèvent très certainement de la violence politique. Du moins dans leur globalité, car l'une des difficultés d'analyse rencontrées tient à l'extrême hétérogénéité des actions subsumées sous le terme « terrorisme ». Si l'on adopte un point de vue historique de longue durée, un grand nombre d'entre elles pourraient se rattacher, directement ou indirectement, à plusieurs types de stratégies violentes « classiques » :

– l'assassinat politique, entendu comme le « meurtre d'une personnalité publique pour un mobile politique en dehors de tout processus légal [48] », entretient avec le « terrorisme » une relation évidente. Non seulement par la méthode d'élimination de l'ennemi généralement considérée comme l'une des marques de la logique terroriste. Mais aussi, et surtout, à cause de l'imaginaire commun véhiculé par les deux mots. Le mot assassin, d'origine arabe, a été pour la première fois attribué à une société secrète chiite du XIe siècle qui signa de nombreux meurtres, dont ceux du prince Nizam al Moulk (1092) et du roi de Jérusalem Conrad de Montferrat en 1192. D'abord au service d'un prétendant au trône évincé, cette société secrète lutta ensuite contre les Ottomans et les Croisés. Ses soldats étaient appelés Haschischins en raison de leur consommation de drogue laquelle, toujours suivant la légende, avait un effet désinhibant sur les atrocités commises. Ils sont souvent présentés comme les ancêtres des terroristes, voire comme les premiers terroristes de l'histoire. De son origine historique et sémantique, l'assassinat a gardé les connotations négatives d'une action de l'ombre perfide et immorale qui signerait le manque de courage de ses auteurs. Connotations que partage le terrorisme ;

– le complot ou la conspiration en tant que projet concerté d'atteinte à la sûreté intérieure pourraient, si leur emploi n'était pas daté, se référer aux objectifs de renversement du pouvoir établi poursuivis par des petits groupes de conjurés. Au vu de la structure moderne du pouvoir politique, seuls peuvent espérer les atteindre pour tout au plus déboucher sur une révolution de palais des factions proches du pouvoir dans une situation d'institutionnalisation inachevée ;

– la guérilla constitue avec le terrorisme ce que l'on appelle désormais une stratégie indirecte de longue durée menée par des combattants irréguliers (par opposition aux soldats des armées régulières). Elle s'en distingue cependant par ses propriétés : son inscription territoriale tient à sa relative assise dans un espace et auprès d'une population donnés, mais aussi à son projet politique qui vise à soustraire des portions de territoire de l'emprise étatique. La taille de ses unités combattantes (compagnies, voire bataillons) ainsi que le type d'armes utilisées la rapprochent de la guerre conventionnelle*, ce à quoi ne peuvent jamais prétendre les groupes « terroristes », toujours réduits en nombre et recourant à des formes d'armement qui vont de l'artisanat à l'extrême sophistication [49]. Dans les faits, l'opposition est moins tranchée qu'une certaine vision manichéenne ne le laisse accroire (sur le mode « noble guérilla » *versus* « vil terrorisme »).

– l'insurrection constitue sans doute le modèle dont se revendiquent le plus aisément les terroristes. On objectera qu'ils n'ont pas la base sociale qu'implique

cette dernière (à la différence du complot) et que c'est précisément pour la construire qu'ils recourent à des actions démonstratives ou exemplaires. Cependant, l'interprétation est défendue par le directeur du Political Violence Research Unit de l'université de Tel-Aviv, Ariel Merari, pour qui « la forme que prend une insurrection est principalement déterminée par les conditions objectives plutôt que par les conceptions stratégiques des insurgés [50] ». Ainsi explique-t-il l'inexistence, dans l'Europe du XXe siècle, de mouvement de guérilla, par la certitude d'un écrasement immédiat de la part des forces gouvernementales. Selon cette vision stratégique, le terrorisme s'avère le seul « choix sensé d'insurrection » dans des conditions historiques données.

Pour contestable qu'elle soit, l'hypothèse a le mérite de rappeler que tout type de violence s'enracine dans un contexte sociopolitique particulier qui en forge les conditions d'efficacité et, par conséquent, les contours. Elle nous renvoie ainsi à l'historicité du recours à telle ou telle forme de violence contestataire. Historicité dont ne rend pas compte, selon nous, le terme « terrorisme », puisqu'il désigne des modes d'action hétéroclites pouvant s'inscrire dans des stratégies classiques autant que d'autres formes de violences.

L'historicité des violences politiques

Un spécialiste des mouvements sociaux, Charles Tilly, notait que les rebelles peuvent choisir un type d'actions dans une gamme déterminée. Ce « répertoire » est fonction des contraintes et opportunités propres à une période donnée ; il évolue avec elles. À la fin du XIXe siècle, son renouvellement est assuré par les profondes mutations qui affectent le champ politique et les structures sociales. D'un côté, la nationalisation de la scène politique portée par l'avènement des États-nations, puis sa démocratisation, ouvrent de nouvelles perspectives de pression à des associations volontaires d'individus dégagés des tutelles traditionnelles et partageant des intérêts communs. De l'autre, l'urbanisation et le développement considérable des médias leur assurent un écho inédit tout en contribuant à réduire les coûts de l'action collective [51]. Il en résulte un potentiel contestataire accru. Quantitativement par les occasions démultipliées et le rôle politique désormais joué par les masses. Qualitativement par l'autonomie dont jouissent les rebelles.

Le recours à la violence connaît les mêmes transformations. Le XIXe siècle est sans doute l'un des plus turbulents et des plus fertiles en rébellions en tout genre. Toutefois, la force du nombre se heurte à l'accroissement également considérable des forces de répression, ainsi qu'à la structuration de la scène internationale autour des États, qui élargit plus encore leur pouvoir de contrainte. Ce contexte donne vigueur aux minorités qui agissent souterrainement aux fins de contourner le déséquilibre des forces par l'effet de surprise, lequel est de son côté facilité par l'écho grandissant assuré par les médias. La problématique des « petites guerres » et autres « stratégies indirectes » qui émergent à la même période reflète l'actualité du phénomène. Selon toute vraisemblance, l'assassinat politique suit depuis la fin du XIXe siècle une courbe ascendante. Mais son efficacité emprunte un parcours inverse. La fragilité des stratégies de provocation tient en effet à la rapide érosion de leur « rendement » politique à mesure qu'elles sont utilisées. Seule l'imagination novatrice peut la compenser. Si les formes modernes de la violence se développent en s'engouffrant dans la brèche ouverte par les bouleversements de la fin du XIXe siècle, leurs conditions d'efficacité s'épuisent aussi vite en proportion inverse au renforcement considérable du pouvoir d'État.

Une violence totale

Une nouvelle forme de violence

Il nous faut maintenant comprendre ce qui, de l'ensemble des violences désignées sous le terme

« terrorisme », relève d'une logique spécifique que l'on ne saurait retrouver dans les manifestations violentes du répertoire d'action moderne, et *a fortiori* traditionnel. On écartera de ce fait l'assassinat de personnalités politiques ou les attentats commis dans des lieux publics symbolisant le pouvoir, qui sont en quelque sorte des invariants de la violence politique et ne se distinguent dans leurs stratégies ou expressions qu'à la marge, à travers le temps et l'espace. C'est dans le noyau dur des définitions qu'il nous faut puiser : dans l'exercice d'une violence indiscriminée qui frappe les populations civiles selon le principe d'une disjonction entre victimes et cible.

C'est dans la frappe aveugle que se situe, si l'on ose dire, l'innovation. Innovation qui obéit à un seul objectif : l'efficacité. Il s'agit d'une violence politique parfaitement adaptée au XXe siècle et plus précisément encore à l'après-Seconde Guerre mondiale.

La pratique du meurtre arbitraire ne surgit bien sûr pas aux lendemains de 1945. On la trouve auparavant de façon isolée, par exemple à la gare Saint-Lazare le 12 février 1894, de la main de l'anarchiste Émile Henry. Mais c'est à partir de cette date qu'elle se systématise jusqu'à devenir aujourd'hui le seul mode d'action de certains groupes. Elle signe, selon Michael Walzer, la fin d'un code politique laborieusement élaboré entre le XVIIe siècle, avec la naissance de la question du « droit des gens », et le XIXe, qui trace une frontière nette entre combattants et non-combattants suivant des lois de la guerre relativement respectées de part et d'autre [52].

L'éthique guerrière qui en résulte a été illustrée par *Les Justes* d'Albert Camus, inspiré d'un épisode historique bien connu : celui des populistes russes renonçant à l'attentat à la bombe qu'ils projetaient de commettre contre le grand-duc Serge. Ces derniers avaient en effet constaté qu'il était accompagné de deux enfants, et s'étaient conformés au principe selon lequel « même dans la destruction, il y a une juste et une injuste manière d'agir, et il y a des limites ».

Ce sont précisément ces limites qui volent en éclats à l'instigation du pouvoir absolu, avec l'expérience concentrationnaire (en tant que symbole du déchaînement de la violence d'État). Car si notre siècle se caractérise par la poursuite du processus général de pacification des mœurs dans les rapports

sociaux et en temps de paix, il est aussi celui des violences institutionnelles extrêmes dirigées contre des innocents, tant dans l'ordre interne avec la répression inouïe conduite par les États totalitaires, que dans l'ordre externe avec les mutations affectant la guerre. La population civile en paie le tribut le plus lourd, puisqu'on estime le nombre de victimes de leur propre gouvernement à cent soixante-neuf millions contre trente-quatre millions de victimes de guerres de 1945 à 1995 [53]. Sans dédouaner la responsabilité des auteurs d'attentats moralement répréhensibles, on notera donc avec Michael Walzer que la stratégie civile du meurtre arbitraire s'insère parfaitement dans une transformation d'ensemble de la conflictualité, dans la mesure où il constitue le pendant du débridement considérable de la violence d'État. On retrouve le mimétisme qui inscrit une nouvelle fois ce type de violences dans les racines de la terreur d'origine étatique.

Ainsi que le souligne Philippe Braud, « le critère de l'entreprise de "terrorisation" est le franchissement délibéré de tous les "seuils d'acceptabilité sociale" [54] ». La « recherche de l'intensité du stress » passe d'abord par le « franchissement de la barrière du sang versé », ensuite par une logique d'insécurisation généralisée faisant de tout un chacun une victime potentielle.

La filiation de certaines formes de violences à la terreur se décline sur plusieurs registres. Ils partagent l'un comme l'autre de nombreux points communs : la méthode de propagande, un exercice de la violence non exempt de ritualisme, une vision du monde fondée sur la polarisation ami/ennemi, une idéologie totale à dimension moraliste, voire mystique, qui exalte l'esprit de sacrifice et l'attente d'un âge d'or [55]. Mais c'est peut-être dans le rapport à leurs victimes que l'identité est la plus troublante : en les choisissant pour ce qu'elles sont (« bourgeois », « impies », américains, etc.) et non pour ce qu'elle font, « la terreur défait le lien entre l'acte et la sanction [56] », lien qui persiste, même ténu, dans l'assassinat politique.

Une approche interdisciplinaire pour un fait social total

Comment nommer cette violence spécifique sans tomber dans les travers de la dénonciation ? « Violence de terreur » ou « entreprise de terrorisation » ont l'avantage de la clarté, mais le handicap d'une trop forte contiguïté avec le terme excessivement chargé de « terrorisme ». C'est pourquoi l'on sera tenté de parler de « violence totale ». L'adjectif a d'emblée le mérite d'inscrire le phénomène dans sa genèse historique et son rapport trouble à l'ennemi étatique. Il a donc un effet-miroir équivalent au binôme terreur/terrorisme. Il présente aussi l'intérêt de situer la question au carrefour de plusieurs disciplines : philosophique, stratégique et sociologique qui, chacune, en éclaire une facette.

L'expression « violence totale » fait d'abord écho à la domination totalitaire. Elle trouve dans l'entre-deux-guerres sa période d'incubation, et puise aux mêmes sources d'inspiration : la terreur est leur essence commune, l'idéologie, en tant que « logique d'une idée », le moteur d'un activisme dévorant [57]. L'une et l'autre poursuivent un rêve (cauchemardesque) d'indifférenciation où les clivages seraient définitivement abolis en vertu d'une « loi du mouvement » [58], naturelle ou historique, qui autoriserait le meurtre arbitraire contre des catégories d'ennemis extensibles à l'infini. Certes, à considérer le strict point de vue statistique des victimes d'attentats indiscriminés, on ne saurait ranger le phénomène dans le cadre des massacres ou violences de masse dont le XXe siècle aurait le triste privilège. Pourtant, il relève sur un point essentiel d'une caractéristique propre aux barbaries du siècle : la recherche d'une domination par la paralysie et la volonté d'anéantissement des volontés qui n'est pas sans rappeler, là encore, le délire de l'homme nouveau porté par les expériences totalitaires. De même que les frontières de la culpabilité et de l'innocence s'effacent, les figures du bourreau et de la victime deviennent réversibles. Ainsi s'explique l'ambivalence de l'organisation clandestine à l'égard du groupe social au nom duquel elle entend combattre, tantôt peuple élu paré de toutes les vertus, tantôt peuple dégénéré ou aliéné que seule la violence rédemptrice lavera de ses péchés. D'où les accents sacrificiels et, pour tout dire, mystiques, de la violence totale.

La violence totale renvoie également à la guerre totale préconisée par le général allemand Erich Ludendorff dans l'entre-deux-guerres. Une guerre à outrance mobilisatrice de toutes les ressources, civiles comme militaires, soutenue par la propagande dans l'objectif de saper le moral de la population ennemie. Une guerre dont la modernité tient à l'efficacité de ses trois piliers : l'idéologie, l'organisation bureaucratique et la technologie.

La récurrence des attentats indiscriminés aux lendemains de 1945 et, plus encore, depuis les années 60 témoigne des tendances générales à l'œuvre dans l'exercice de la violence. Nous en distinguerons quatre principales rencontrées à plusieurs reprises dans cet ouvrage :

1. la population civile comme première victime ;
2. la privatisation de la violence* qui rend la capacité de destruction plus accessible aux petits groupes et même aux individus singuliers, et ce dans un siècle où les masses jouent un rôle historique capital ;
3. l'étroite imbrication entre l'événement violent et sa représentation, par le jeu de la communication moderne ;
4. le dépassement de l'opposition entre l'ordre interne (national) et l'ordre externe (international),

ainsi que leur interconnexion croissante qui, de plus en plus, donnent aux conflits un caractère *globcal* : à la fois d'origine locale et d'impact mondial.

Ce qui fait la particularité de la violence totale au regard des autres violences politiques tient au couplage ainsi qu'à la manipulation inédite de technologies modernes en matière d'armement et de communication, au service de l'exercice d'une terreur ayant peu à voir avec ses formes antérieures. Terroriser les populations civiles est en effet de tout temps, même si l'on peut croire que la lente élaboration du droit international à partir du XVIIe siècle a tendu vers la disparition de cette pratique. De ce point de vue, le retour à une stratégie délibérée d'indistinction entre combattants et non-combattants auquel on assiste dans l'usage privé de la violence comme dans la guerre dite (à tort désormais) conventionnelle constitue déjà en soi une véritable rupture. Rupture qui se renforce par la mobilisation de moyens nouveaux exerçant une force décuplée de destruction et surtout de propagation de la terreur. C'est cette technologisation de la peur qui est fondamentalement inédite.

L'expression « violence totale » fait enfin référence, quoique indirectement, au concept d'institution totale forgé par Erving Goffman pour décrire des établissements spécialisés dans le gardiennage et le contrôle absolu d'individus tels que les hôpitaux psychiatriques, les prisons ou les camps de concentration [59]. Il ne saurait être question de plaquer cette analyse sur notre objet d'études ni de faire de ces institutions des laboratoires de la violence totale. Celle-ci permet cependant de penser la logique de fonctionnement des organisations clandestines, les effets cognitifs et psychologiques qu'elle exerce en particulier dans le rapport à la mort. L'engagement dans ce type de groupes implique nécessairement une rupture biographique lourde qui passe par une renonciation à une identité antérieure pour renaître littéralement, notamment par le biais de l'attribution d'un « nom de guerre », par l'intériorisation de règles de comportement codifiées avec minutie, voire parfois par le recours à des techniques de mortification.

Cette logique d'accès à la (vraie) vie par la familiarité avec la mort atteint son comble dans les actions *kamikaze* commises par des activistes religieux. Il est indéniable que le fait d'« entrer dans la clandestinité » renforce plus encore cette coupure d'avec le monde extérieur en même temps que l'emprise du groupe sur le militant, y compris dans ses dimensions les plus intimes. S'intéresser à la dynamique organisationnelle dans une perspective psychosociale nous apprendrait sans doute beaucoup sur l'exercice de la violence. Ainsi, pour expliquer par exemple la relative retenue des nationalistes corses, l'hypothèse a-t-elle parfois été avancée d'une modération de l'escalade de la violence grâce à une moindre importance accordée à la clandestinité et au poids des militants qui gardent un contact avec l'extérieur, soit familial, soit professionnel. Conjointement à l'approche instrumentale de la violence, le concept nous invite à prendre en compte son caractère expressif et à réfléchir au phénomène en tant que fait social total.

ANNEXES

Notes

Glossaire

Principales organisations citées

Bibliographie

Notes

1. P. Mannoni, *Un laboratoire de la peur. Terrorisme et média,* Marseille, Hommes & perspectives, 1992, p. 127.
2. *Ibid.*, p. 152.
3. F. Hacker, *Crusaders, Criminals, Crazies. Terror and Terrorism in our Time,* New York, Norton & Company, 1976, p. 248.
4. P. Mannoni, *op. cit.*, p. 104 *sq.*
5. *Ibid.*, p. 11.
6. X. Crettiez, *Le Silence des armes ? L'Europe à l'épreuve des séparatismes violents,* La Documentation Française, 1999, p. 193.
7. *Ibid.*, p. 201.
8. D. Bigo, D. Hermant, « La relation terroriste », *Études polémologiques,* n° 3, 1988, p. 34-35.
9. L'affaire du drugstore Saint-Germain le 15 septembre 1974 qui fit 2 morts et 34 blessés, le triple meurtre de la rue Toullier le 27 juin 1975, l'explosion du train Le Capitole le 29 mars 1982 (5 morts, 77 blessés), l'explosion à la voiture piégée rue Marbœuf le 22 avril de la même année (1 mort, 63 blessés) et l'explosion de deux bombes dans un TGV le 31 décembre 1983 (5 morts et 51 blessés).
10. D. Bigo et D. Hermant, « La relation terroriste », *Études polémologiques,* n° 30-31, 1984, p. 53.
11. P. Poncela, « Terrorisme et sacré », in J.-P. Charnay, *Terrorisme et culture,* Fondation pour les études de défense nationale, 1981, p. 137. On reconnaîtra ici l'influence des travaux de R. Girard.
12. Sur ce point, voir X. Crettiez, *La Question corse,* Bruxelles, Complexe, 1999, p. 138-141.
13. L. Martinez, *La Guerre civile en Algérie,* Karthala, 1998, p. 333. D'après la Ligue algérienne des droits de l'homme, l'État serait responsable de 80 % des victimes de la guerre civile de 1993 à 1999, même si la violence la plus médiatisée est celle des islamistes.
14. L. Dispot, *La Machine à terreur,* Grasset, 1978, p. 24.
15. L. Bonanate, *Le Terrorisme international,* Casterman, 1994, p. 125.
16. Tous ces chiffres sont extraits du très complet J.-M. Balencie et A. de la Grange (dir.), *Mondes rebelles,* Éd. Michalon, 1999, p. 223-224.

17. Après « la guerre des rois » sous l'Ancien Régime, « la guerre des peuples et des nations » lancée par la Révolution française, « la guerre des idéologies » née de la Révolution russe. *Le Choc des civilisations,* devenu livre, a été traduit aux Éditions Odile Jacob en 1997. La thèse de S. Huntington avait déjà donné lieu à un numéro spécial de la revue *Commentaires* (n° 66, 1994).
18. Sur ces questions, voir notamment G. Kepel, *La Revanche de Dieu,* Le Seuil, 1991.
19. B. Hoffman, « La terreur sacrée », *Politique internationale,* n° 77, automne-1997, p. 345-355.
20. H. Alleg, *La Question,* Éd. de Minuit, 1958.
21. R. Rummel, *Death by Government,* New Brunswick, Transactions Publ., 1994, p. 31 *sq.*
22. A. Dowes, « Qu'est-ce qu'un État terroriste ? », *Les cahiers de l'Orient,* n° 3, 1986, p. 183.
23. A. Strauss, *Miroirs et Masques,* Métailié, 1992, p. 18.
24. D. Bigo et D. Hermant, « La relation terroriste », *Études polémologiques,* n° 30-31, 1984, p. 46.
25. W. Laqueur, *Le Terrorisme,* PUF, 1979, p. 89.
26. W. Laqueur, *The Age of Terrorism,* Boston Mass., Little Brown, 1987, p. 72.
27. D'après le rapport annuel *Chronology of Terrorism* publié à Londres par Intel Information Bureau.
28. P. Wilkinson, *Terrorism and the Liberal State,* Londres, Macmillan, 1986, p. 55-65.
29. R. Aron, *Paix et guerre entre les nations,* Calmann-Lévy, 1962, p. 176.
30. A. Merari, « Du terrorisme comme stratégie d'insurrection », in G. Chaliand, *Les Stratégies du terrorisme,* Desclée de Brouwer, 1999, p. 77.
31. Étude de Schmid et Jongman, citée dans H. Zeidenstein, « Defining Terrorism », *Southeastern Political Review,* vol. 22, n° 1, mars 1994, p. 23.
32. *Ibid.,* p. 20.
33. M. Wieviorka, *Sociétés et terrorisme,* Fayard, 1988, p. 17.
34. *Ibid.,* p. 30.
35. *Ibid.,* p. 347.

36. Le Russe Netchaïev, auteur du *Catéchisme révolutionnaire* qui inspirera *Les Possédés* de Dostoïevski et, après lui, le Brésilien Marighella et son *Petit Manuel du guérillero urbain.*
37. Entretien réalisé par l'auteur en octobre 1988.
38. Gérard Chaliand, *Les Stratégies du terrorisme,* Desclée de Brouwer, 1999, p. 233.
39. G. Gerbner, *Violence et terreur dans les médias,* Études et documents d'information de l'UNESCO, 1989, p. 19.
40. C. Sterling, *Le Réseau de la terreur,* Lattès, 1981.
41. D. Bigo, *Polices en réseaux. L'expérience européenne,* Presses de Sciences po, 1996, p. 266-278.
42. *Ibid.,* p. 260.
43. P. Wilkinson, « Terrorism and Propaganda », in Y. Alexander et R. Latter, *Terrorism and the Media : Dilemnas for Government, Journalists and the Public,* Washington, Brassey, 1990, p. 27. On atteint le sommet de la guerre de propagande quand une revue française se fait l'écho (en « une »), à propos d'un leader d'extrême gauche, d'un passé fasciste fabriqué de toute pièce afin de le décrédibiliser. On comprend mieux l'opération lorsque l'on sait que son directeur se prévaut d'un titre universitaire qu'il n'a pas et gravite entre services de police et sociétés d'audit sur la sécurité qui vivent de l'amalgame banlieue-immigration-terrorisme. En tant que « meilleur spécialiste français », il est pourtant de toutes les émissions consacrées à la question…
44. W. Laqueur, *The Age of Terrorism, op. cit.,* p. 298.
45. Ainsi Paul Wilkinson peut-il « prédire » les futures cibles du terrorisme international à partir des statistiques des dernières années : « Plus de la moitié des attentats contre des propriétés ou des bâtiments va vraisemblablement être dirigée contre des bureaux industriels ou d'affaires, environ 10 % le sera probablement contre des bâtiments diplomatiques et près de la moitié de ces 10 % concernera d'autres bâtiments gouvernementaux et militaires. » G. Chaliand (dir.), *Les Stratégies du terrorisme,* Desclée de Brouwer, 1999, p 207.
46. J. Borricand, « L'extradition des terroristes », *Revue des sciences criminelles,* 1980, p. 674.
47. Y. Michaud, *Violence et politique,* Gallimard, 1978, p. 88 *sq.*
48. M. Lerner cité par F.L. Ford, *Le Meurtre politique. Du tyrannicide au terrorisme,* PUF, 1990, p. 20.

49. Sur ce point, voir A. Merari, « Du terrorisme comme stratégie d'insurrection », in G. Chaliand, *Les Stratégies du terrorisme,* Desclée de Brouwer, 1999, p. 73-111.
50. *Ibid.,* p. 110.
51. Sur ce point, voir, en français, C. Tilly, *La France conteste de 1600 à nos jours,* Fayard, 1986, p. 541 *sq.*
52. M. Walzer, *Guerres justes et injustes,* Belin, 1999, p. 276.
53. R. Rummel, *Death by Government,* New Brunswick, Transactions Publ., 1994, p. 15.
54. P. Braud, « La violence politique : repères et problèmes », in P. Braud (dir.), *La Violence politique dans les démocraties européennes occidentales,* L'Harmattan, 1993, p. 26.
55. F.J. Hacker, *op. cit.*, p. 274-290.
56. W. Sofsky, *L'Organisation de la terreur,* Calmann-Lévy, 1995, p. 30.
57. H. Arendt, *Les Origines du totalitarisme. Le système totalitaire,* Seuil, 1972, p. 210 *sq.*
58. *Ibid.,* p. 210.
59. E. Goffman, *Asiles,* Éditions de Minuit, 1968, p. 41 *sq.*

Glossaire

Contre-insurrection (***counterinsurgency***) **:** doctrine militaire née durant la guerre froide dans l'objectif de lutter contre un ennemi intérieur.

Contrôle social : ensemble des processus par lesquels les individus sont amenés à se conformer aux normes et règles du groupe qui assure ainsi sa cohésion. On distingue traditionnellement les régulations externes, lesquelles s'imposent de l'extérieur à l'individu (comme les normes juridiques ou les codes socioculturels), des régulations internes, qui renvoient à l'intériorisation, par le même individu, des contraintes extérieures.

Déconstruction/déconstruire : travail d'élucidation de la généalogie des représentations de la réalité sociale et des conditions sociopolitiques qui ont présidé à leur sédimentation.

Épistémologie/épistémologique : réflexion sur les différentes étapes de la production scientifique et sur les conditions de possibilité du savoir.

État parrain ou sponsor : État appuyant et utilisant secrètement une organisation terroriste (dite organisation-écran) pour commettre un attentat, le plus souvent à des fins de politique extérieure. Voir « Organisation-écran ».

État terroriste : notion qui recouvre deux cas de figure. D'une part l'État ayant recours à une politique de terreur dirigée contre l'ensemble de la population qui lui est assujetti ou contre un « ennemi intérieur » (population noire dans un régime d'apartheid, juifs dans l'Allemagne nazie, par exemple). L'expression désigne d'autre part un État qui utilise un groupe terroriste à des fins de politique extérieure, ce qui renvoie à la notion d'État parrain ou sponsor.

Expropriation prolétarienne : dans la terminologie anarcho-marxiste des groupes d'extrême gauche européens des années 70, l'expropriation prolétarienne désigne toute sorte de vols de biens et de marchandises légitimés comme étant une juste « récupération » des fruits du « vol organisé » par l'économie capitaliste sur les travailleurs.

Fondamentalisme : *stricto sensu,* doctrine religieuse de certains groupes protestants considérant le texte sacré comme l'expression absolue de la vérité et en appelant au strict respect des injonctions d'ordre moral comme politico-social qu'il édicte. Par extension, il désigne un courant religieux minoritaire et radical qui repose sur l'attachement au sens littéral des Écritures saintes.

Foquisme/foquiste : stratégie de guérilla développée par Ernesto Che Guevara dans *La Guerre de guérilla* (1960) consistant à créer des foyers de lutte armée à partir des campagnes, sans qu'il y ait nécessairement mobilisation préalable de la population, dans l'objectif de harceler l'armée régulière ennemie (de *foco,* foyer stratégique mobile).

Guerre conventionnelle : conflit armé entre unités régulières codifié par le respect des « lois et conventions de la guerre ».

Intégrisme/intégriste : *stricto sensu,* doctrine religieuse de certains groupes catholiques qui préconisent le respect rigoureux du dogme et refusent de le voir évoluer ; ils rejettent notamment la relégation du religieux dans la sphère privée. Par extension, le terme renvoie aux groupes radicaux en lutte contre la séparation du religieux et du politique.

Irrédentisme/irrédentiste : doctrine politique des nationalistes italiens qui, dans les années de l'unification de l'État (1870), réclament l'annexion des territoires italophones restés sous domination austro-hongroise. Par extension, l'irrédentisme désigne aujourd'hui toute doctrine nationaliste ayant pour objectif de regrouper au sein d'une seule entité politique une population partageant une même langue ou relevant du même groupe ethnique.

Jambisation : technique violente utilisée par les Brigades rouges italiennes dans la seconde moitié des années 70, consistant à blesser par balles les jambes de leurs victimes.

Label/labelling (étiquetage) : selon le courant sociologique dit interactionniste, processus de classement par lequel un individu ou un comportement se voient désignés comme transgressant les normes du groupe.

Ordre bipolaire : l'expression renvoie à l'équilibre des forces qui dominent les relations internationales de la fin de la Seconde Guerre mondiale jusqu'à l'implosion du bloc de l'Est en 1989 et qui consistait en un partage du monde par les « gendarmes » américain et soviétique.

Organisation-écran : organisation terroriste agissant de façon souterraine pour le compte d'une puissance étatique dite État parrain ou sponsor.

Privatisation de la violence : utilisation de la violence par des individus ou des groupes qui s'opposent au monopole étatique de la violence physique légitime.

Processus de civilisation : selon l'historien et sociologue Norbert Elias (1897-1990), la monopolisation progressive de la violence par l'État et le développement de l'interdépendance entre individus ont entraîné au cours des cinq derniers siècles une rationalisation et une psychologisation des comportements, caractérisées par l'autocontrôle des émotions et la pacification des mœurs.

Propagande par le fait : contre la propagande écrite et verbale considérée comme inefficace, le courant anarchiste théorise à la fin du XIXe siècle le recours à des actions illégales et/ou violentes destinées à montrer la voie de la révolution et à affirmer en acte les idéaux anarchistes.

Rivalité mimétique : selon l'historien des mythes René Girard, l'individu convoite ce qui paraît désirable à autrui. Il en résulte une dynamique de conflit où chacun tend à reproduire le comportement de l'autre; d'où un rapport de double entre les rivaux.

Sécularisation : relégation du religieux dans la sphère privée et, plus précisément, rejet de sa prétention à régir les questions temporelles, notamment politiques.

Stigmatisation : chez le sociologue interactionniste Erving Goffman, marquage négatif et condamnation d'un individu ou d'un comportement, rejetés dans la déviance.

Terreur : peur extrême qui paralyse l'action. Avec une majuscule, désigne le gouvernement d'exception qui a prévalu pendant la Révolution française sous Robespierre.

Totalitarisme : né dans l'entre-deux-guerres, ce concept entend rapprocher les systèmes politiques à parti unique qui reposent sur la terreur, avec l'ambition d'exercer une emprise totale sur la population au nom d'une idéologie conquérante.

Transnational : registre d'action se déployant sur la scène mondiale hors de tout contrôle étatique (par opposition au registre international mis en œuvre à l'instigation des États).

Tyrannicide : meurtre d'un tyran.

Les principales organisations citées

Brigades rouges (*Brigate Rosse*) : groupe révolutionnaire italien créé en 1970 qui, dans un contexte d'effervescence sociale et de développement de la violence tous azimuts, s'est engagé progressivement sur la voie de la lutte armée en privilégiant les enlèvements et les assassinats de personnalités politiques dont la plus connue est le démocrate-chrétien Aldo Moro en 1978. Nombre d'activistes estimé : 700 personnes environ. Le groupe est démantelé au début des années 80. Entre 1969 et 1982, les actions d'extrême gauche ont fait 164 victimes, celles d'extrême droite 193.

ETA (*Euzkadi Ta Azkatasuna,* Pays basque et liberté) : groupe nationaliste basque fondé en 1959, il choisit la lutte armée en 1962 et l'entame véritablement en 1968 pour l'intensifier après la chute du franquisme en 1975. Il recourt surtout aux assassinats d'hommes politiques et des forces de sécurité mais aussi, à partir de 1986, aux voitures piégées, faisant au total plus de 700 victimes. Le nombre d'activistes ne dépasserait pas la centaine. L'espoir d'une solution politique, ébauché en 1998, semble s'éloigner depuis l'annonce de la reprise des actions violentes à la fin de l'année 1999.

IRA (*Irish Republican Army,* armée républicaine irlandaise) : organisation nationaliste nord-irlandaise fondée en 1919, elle est réactivée en 1969 dans le cadre du conflit opposant catholiques et protestants, lesquels disposent eux aussi de groupes paramilitaires comme l'UVF (*Ulster Volunteer Force,* forces des volontaires de l'Ulster, fondé en 1912) et l'UFF (*Ulster Freedom Fighters,* combattants pour la liberté de l'Ulster, créé en 1971). L'IRA compterait plusieurs centaines d'activistes (entre 400 et 600 aujourd'hui, 1 500 dans les années 70). Ce conflit, engageant de multiples groupes dans des actions diverses (combats de rue, attentats à la bombe, tirs de sniper, assassinats, etc.) a fait plus de 3 200 morts et 24 000 blessés jusqu'à la signature de l'accord de Stormont – dit encore du « vendredi saint » – le 10 avril 1998.

OLP (Organisation de Libération de la Palestine) : confédération de groupes nationalistes de sensibilités diverses créée en 1964 dont les principaux sont le Fath de Yasser Arafat, le Front Populaire de Libération de la Palestine (FPLP) de Georges Habache et le Front Démocratique de Libération de la Palestine (FDLP). Le nombre d'activistes est inconnu. L'OLP a rapidement privilégié les actions extérieures à la scène du conflit (enlèvements de personnalités et piraterie aérienne, en particulier) dans une stratégie d'internationalisation. Entre 1969 et 1986, 54 de ses 498 victimes sont citoyens israéliens. Les accords d'Oslo en septembre 1993 ont ouvert la voie à l'autonomie palestinienne. C'est désormais la mouvance islamiste, opposée à cette évolution, qui a recours aux armes. Tel est le cas du groupe *Hamas,* bras politique de l'Association palestinienne des frères musulmans fondée en 1988, dont les attentats à la bombe et les assassinats ont fait, depuis 1994, 124 victimes et 859 blessés en Israël.

PKK (Parti des travailleurs du Kurdistan) : groupe nationaliste kurde fondé en 1974. Il a décrété la fin de la lutte armée durant l'été 1999 à la suite de l'arrestation de son leader et fondateur Abdallah Ocalan, dit Apo. Ses actions (meurtres, bombes, enlèvements, commandos-suicide) ont touché militaires, journalistes et touristes en Turquie mais aussi en Europe où les ambassades et intérêts turcs sont visés. La police turque estime ses rangs à 6000 combattants ; le PKK en revendique le double. De même, l'évaluation des coûts humains du conflit varie du simple au double selon les parties : 18000 morts selon la Turquie, 30000 selon le PKK, l'ampleur des chiffres venant de la répression féroce déployée par l'État turc, notamment contre les villages kurdes.

RAF (*Rote Armee Fraktion,* fraction armée rouge) : groupe révolutionnaire ouest-allemand fondé en 1970 appelé aussi « Bande à Baader-Meinhof ». Il a officiellement renoncé à la lutte armée en 1992. Ses actions (enlèvements, assassinats, bombes contre des biens) s'étendent principalement de 1970 à 1982, faisant 57 victimes. Les activistes n'excédaient pas quelques dizaines.

Bibliographie

Ouvrages

BALENCIE, Jean Marc, De la Grange Arnaud (dir.), *Mondes rebelles,* Michalon, 1999.

BIGO, Didier, HERMANT, Daniel (dir.), *Approches polémologiques,* Fondation pour les études de défense nationale, 1991.

BONANATE, Luigi, *Le Terrorisme international,* Casterman, 1994.

BRAUD, Philippe (dir.), *La Violence politique dans les démocraties européennes occidentales,* L'Harmattan, 1993.

CHALIAND, Gérard, *Terrorismes et guérillas. Techniques actuelles de la violence,* Flammarion, 1985.

CHALIAND, Gérard (dir.), *Les Stratégies du terrorisme,* Desclée de Brouwer, 1999.

CHARNAY, Jean-Paul (dir.), *Terrorisme et culture,* Fondation pour les études de défense nationale, 1981.

CRETTIEZ, Xavier (dir.), *Le Silence des armes ? L'Europe à l'épreuve des séparatismes violents,* La Documentation Française, 1999.

FORD, Franklin L., *Le Meurtre politique. Du tyrannicide au terrorisme,* PUF, 1990.

FURET François, LINIERS, Antoine, RAYNAUD, Philippe, *Terrorisme et démocratie,* Fayard, 1985.

HACKER, Friedrich, *Agression, violence dans le monde moderne,* Calmann-Lévy, 1972.

HACKER, Friedrich, *Terreur et terrorisme,* Flammarion, 1976.

LAQUEUR, Walter, *Terrorisme,* PUF, 1979.

GERBNER, George, *Violence et terreur dans les médias,* Études et documents d'information de l'UNESCO, 1989.

MANNONI, Pierre, *Un laboratoire de la peur. Terrorisme et média,* Marseille, Hommes & perspectives, 1992.

MICHAUD, Yves, *Violence et politique,* Gallimard, 1978.

WALZER, Michael, *Guerres justes et injustes,* Belin, 1999.

WIEVIORKA, Michel, *Sociétés et terrorisme,* Fayard, 1988.

WIEVIORKA, Michel, WOLTON, Thierry, *Terrorisme à la une,* Gallimard, 1987.

WIEVIORKA, Michel, *Face au terrorisme,* Liana Levi, 1995.

Articles et numéros de revues

BADIE, Bertrand, « Terrorisme et État », *Études polémologiques,* n° 1, 1989, p. 7-19.

BIGO, Didier, HERMANT, Daniel, « La relation terroriste », *Études polémologiques,* n° 30-31, 1984, p. 45-63.

BIGO, Didier, HERMANT, Daniel, « La relation terroriste », *Études polémologiques,* n° 3, 1988, p. 13-77.

Esprit, numéro sur « Le terrorisme », n° 10, octobre-novembre 1984.

HOFFMAN, Bruce, « La terreur sacrée », *Politique internationale,* n° 77, automne 1997, p. 345-355.

Stratégique, numéro sur « Le terrorisme », n° 2-3, 1997.

Les Cahiers de l'Orient, numéro sur « Le terrorisme », n° 3, 1986.

Sites Internet

en français

//www. cfcsc. dnd. ca/links/intrel/terror. html

en anglais

//www. terrorism. com

//wwww. hri. org/docs/USSD-Terror

Achevé d'imprimer en janvier 2002
sur les presses de
l'Imprimerie Hérissey à Évreux
N° d'éditeur : FC 571503
N° d'imprimeur : 91495
Dépot légal : Mars 2000